写真とイラストたっぷり！

監修・編著／片山喜章
著／徳畑等・東洋一郎
実践／遊びっくり箱プロジェクトチーム

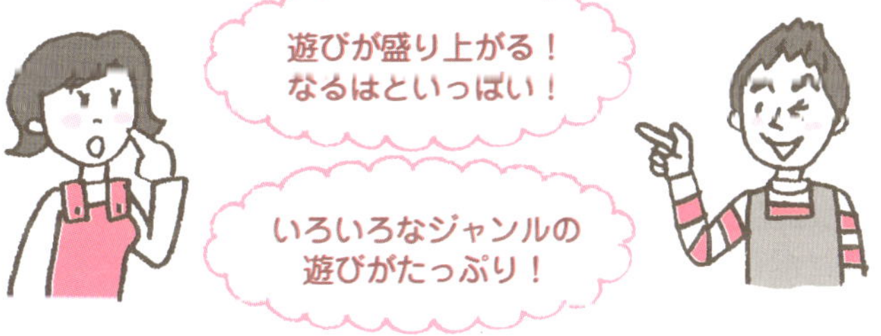

2〜5歳児の あそびライブ 12か月

遊びはおまかせ！

ウサギさんったらウサギさん♪

遊びが盛り上がる！なるはといっぱい！

いろいろなジャンルの遊びがたっぷり！

お耳とお耳で…

にげろ〜

ワニの女の子〜

にげろ〜！

ジャンル別索引つき

ひっこし プール ボール からだ うた ふれあい じゃんけん おに

 ひかりのくに

はじめに

　「保育」「教育」「遊び」という文言は、実にさまざまに解釈されているのが現状です。その論議は別にして、子どもたちが仲間とあれこれ考えて動いてふれあうことが楽しい、保育者も保育者として納得、手応えを感じられるような活動を紹介しています。具体例のない保育論は現場には必要ありません。

　本書にある内容は実際に子どもたちと実践した活動で、一定の時間、充実感を味わったものばかりです。論より実際にやってみる、何度か繰り返すとさらにこの活動の意図することが子どもたちの経験の質として深まる。そして、活動を終えた後、しっかり子どもというものについて、保育者の指導性について、振り返って語り合ってこそ、保育論議に至ると期待しています。

片山 喜章

「なるほど」が
いっぱい！

本書の特長と見方

本書は子どもの姿から生まれた遊びがたっぷり詰まっています。豊富な写真や詳しい解説で、子どもや遊びについて「**なるほど**」がいっぱいです。子どもの姿を見ながら繰り返し実践して、"子どもの夢中"を引き出しましょう！

① 毎月の子どもの姿がわかる！

なるほど　3段階でわかりやすいから楽しい！

「12か月」の遊びが子どもたちにフィットしているから使いやすい！
① まずは、毎月の子どものよくある姿を「4コマ漫画」で紹介。
② そして、その子どもの姿にピッタリの遊びが掲載しているので、目の前の子どもに合った遊びがわかります！
③ その月のまとめと、「あそびなるほどアドバイス」で、保育と遊びの知識がさらに深まる！

ジャンル別索引付きだから、今遊びたい遊びを選べるよ！

② 子どもにフィットした、夢中になれる遊び！

③ 先輩から後輩へのアドバイス！

あそびのページでは…

なるほど
写真がいっぱいだから、現場のようすがよくわかる！
保育の現場で実践しているからこそ撮れた写真いっぱい。まさに保育のライブ版をお届けします。

なるほど
遊びの種類がよくわかる！
準備要らずですぐに遊べる「ちょこっと遊ぼう」と遊びこむごとに楽しさが増す「いっぱい遊ぼう」の2種類に遊びを分けています。時間に合わせて使い分けましょう。

なるほど
遊びのツボで遊びのしくみがよくわかる！
遊びの良い所や、子どもの遊びへの興味や意欲が増す秘密がたっぷり載っています。

遊びのジャンルがわかるマークが、それぞれの遊びに付いています！
もちろん、ジャンル別索引に対応！

はじめに ・・・・・・・・・・・・・・・・・・・・ 2
本書の特長 ・・・・・・・・・・・・・・・・・・・ 3
ジャンル別索引～遊びの内容から探してみよう・・・ 6

4月

4・5歳児
定番の歌で仲よくなろう！ ・・・・・・・・・・ 8
　てくてく歩いて、せーので握手 ・・・・ 9
　大波小波で、はい、できた！ ・・・・・ 10
　動物園に行こうよ ・・・・・・・・・・・ 11

2・3歳児
見ているだけでも参加してるよ！ ・・・・・ 12
　ブラブラからの…ピタッ！ ・・・・・・・ 13
　ひげじいさんでお引っ越し ・・・・・・・ 14
　歌って変身 ・・・・・・・・・・・・・・・ 15

あそびなるほどアドバイス みんなが知っている歌で友達といっしょに体を動かす遊びを ・・・・ 16

5月

4・5歳児
いろいろな友達とふれあおう！ ・・・・・・ 18
　隣へとんとんひげじいさん ・・・・・・ 19
　イマジネーションできたできた ・・・・ 20
　ミックスサンド引っ越し ・・・・・・・ 21

2・3歳児
毎日繰り返す定番遊びを見つけよう！ ・・・ 22
　定番☆ふれあい遊び ・・・・・・・・・・ 23
　「♪はじまるよ」で変身！ ・・・・・・・ 24
　だるまさんでお引っ越し ・・・・・・・・ 25

あそびなるほどアドバイス ひかり組（2歳児・3歳児）の子どもたちが、落ち着いて遊びを楽しめる、そのワケは…？ ・・・・ 26

6月

4・5歳児
集中できる遊びを楽しもう！ ・・・・・・・ 28
　あいこでドカン、ジャンケン列車 ・・ 29
　はっけよーい、カメった！ ・・・・・・ 30
　ジャンケンすごろく ・・・・・・・・・ 31

2・3歳児
いつも以上にめりはりを意識して遊ぼう！ ・・ 32
　ワニはだれ？ ・・・・・・・・・・・・・ 33
　○○くん、○○ちゃんまでよーいドンで握手 ・・ 34
　がたがたバスでお引っ越し ・・・・・・・ 35

あそびなるほどアドバイス 蒸し暑さを跳ね返すには…？ ・・・・・・・・・・ 36

7月

4・5歳児
プール遊びを思いっ切り楽しもう！ ・・・・ 38
　フープをジャンプ ・・・・・・・・・・・ 39
　シートにダイブ！ ・・・・・・・・・・ 40
　ウキウキ浮き競争 ・・・・・・・・・・ 41

2・3歳児
夢中になれる遊びの工夫を！ ・・・・・・・ 42
　透明宝探し ・・・・・・・・・・・・・・ 43
　手作りおもちゃ ・・・・・・・・・・・・ 44
　タライ沈め ・・・・・・・・・・・・・・ 45

あそびなるほどアドバイス プール遊びって水遊びなの？－プール遊びの意義とは… ・・・・・・ 46

8月

異年齢 異年齢同士の関係性を広げよう！ ・・・・・ 48
　カミナリドン！ドン！で集まりっこ ・・ 49
　トンネルをとおりゃんせ ・・・・・・・ 50
　にこにこトラック ・・・・・・・・・・ 51
　にこにこ引っ張り競争 ・・・・・・・・ 52
　3色ジャンケン列車 ・・・・・・・・・・ 53

4・5歳児 対面ジャンケンダッシュ ・・・・・ 54
2・3歳児 ふたりになってパワーアップ ・・・・ 55

あそびなるほどアドバイス
異年齢は、異年齢であることを意識せず ・・・・ 56

9月

4・5歳児
協力し合って関係性を深めよう！ ・・・・・ 58
　ふたりで「なかそとほい」 ・・・・・・ 59
　「あっちむいてほい」で陣取り合戦 ・・ 60
　ジャンケン タッチ＆ゴー ・・・・・・ 61

2・3歳児
集団で力発揮できる遊び ・・・・・・・・・ 62
　みんなで○っと、ひげじいさん（秋編） ・・ 63
　だるまさんがころんで、よーいドン ・・ 64
　ばらして集めて ・・・・・・・・・・・・ 65

あそびなるほどアドバイス 協力とか協調性とかいうけれど… ・・・・・・・・ 66

4

10月

4・5歳児
- 役割のある集団遊びを楽しもう ……… 68
  - パスパスキャッチ ……………… 69
  - ドーナツ中当て ………………… 70
  - ザ・ガードマン ………………… 71

2・3歳児
- 小グループ遊びを楽しもう ……… 72
  - いっぱいジャンケン …………… 73
  - ふたりで運ぼう ………………… 74
  - ツナガリズム …………………… 75

あそびなるほどアドバイス「役割」って、この時期の活動を楽しくする要素？ ……… 76

11月

4・5歳児
- 周りの仲間を見られる遊び ……… 78
  - ぐるっとジャンケン …………… 79
  - ふたりで宝集め ………………… 80
  - しっぽ宝取り …………………… 81

2・3歳児
- ドキドキを楽しみながら遊ぼう ……… 82
  - だるまさんは…どこだ？ ……… 83
  - ダンゴムシ ……………………… 84
  - みんな入れるかな？ …………… 85

あそびなるほどアドバイス 11月は、園外保育でしょ!? 〜ルールのある遊びの意義〜 ……… 86

12月

4・5歳児
- 楽しさが続く鬼ごっこ ……………… 88
  - 上下鬼 …………………………… 89
  - ひげじいさん（冬編）…あなただれ？ … 90
  - カッパ鬼 ………………………… 91

2・3歳児
- わいわいチャレンジ、いっぱいチェンジ ……… 92
  - 逃げようか？追いかけようか？ ……… 93
  - いっしょだからだいじょうぶ ……… 94
  - ネズミとネコ（おむすびころりん） ……… 95

あそびなるほどアドバイス 鬼ごっこは、根源的欲求を満たす？ ……… 96

1月

4・5歳児
- 遊び込みから生まれるものを大切にしよう ……… 98
  - 3人宝集め電車 ………………… 99
  - はさみんボール ………………… 100
  - ザ・ガードマンⅡ ……………… 101

2・3歳児
- 寒さに負けずに体を動かしたくなる遊び ……… 102
  - 鬼のパンツを…はいちゃおう ……… 103
  - たこ揚げ鬼遊び ………………… 104
  - 玉当て競争 ……………………… 105

あそびなるほどアドバイス 夢中になることが何より！ ……… 106

2月

4・5歳児
- 状況に応じて遊びを調整しよう ……… 108
  - 3対1で、しっぽくぐり抜け ……… 109
  - そ〜こが抜けたら逃〜げましょ ……… 110
  - レッツトライ！ ………………… 111

2・3歳児
- 遊びが楽しくなるようにかかわろう ……… 112
  - ネコさんネコさん、手のなるほうへ ……… 113
  - 壁鬼 ……………………………… 114
  - 赤玉で白玉であんな形、こんな形 ……… 115

あそびなるほどアドバイス いろいろな要素を取り入れた創意ある鬼遊び ……… 116

3月

4・5歳児
- 子どもが主体となって動く遊び ……… 118
  - グループワーク○×対決 ……… 119
  - 四方八方転がしドッジ ………… 120
  - ボール取り半分ずつ交替 ……… 121

2・3歳児
- 考えて行動する遊び ……………… 122
  - フープ4つで島渡り …………… 123
  - おふねさんとおうまさん ……… 124
  - 円形通り抜け鬼 ………………… 125

あそびなるほどアドバイス 遊びっくり箱の活動は、保育を支える!? ……… 126

ジャンル別索引

ふれあい
友達や保育者とかかわりをたくさん増やせる！

4・5歳児

- てくてく歩いて、せーので握手 …… 9
- 隣へとんとんひげじいさん …… 19
- ザ・ガードマン …… 71
- ふたりで宝集め …… 80
- 上下鬼 …… 89
- カッパ鬼 …… 91
- 3人宝集め電車 …… 99
- はさみんボール …… 100
- ザ・ガードマンⅡ …… 101
- グループワーク○×対決 …… 119
- ボール取り半分ずつ交替 …… 121

2・3歳児

- 定番☆ふれあい遊び …… 23
- ○○くん、○○ちゃんまでよーいドンで握手 …… 34
- ふたりになってパワーアップ …… 55
- みんなで○っと、ひげじいさん（秋編） …… 63
- ふたりで運ぼう …… 74
- ツナガリズム …… 75
- だるまさんは…どこだ？ …… 83
- みんな入れるかな？ …… 85
- 逃げようか？追いかけようか？ …… 93
- いっしょだからだいじょうぶ …… 94
- ネズミとネコ（おむすびころりん） …… 95
- 赤玉で白玉であんな形、こんな形 …… 115

異年齢

- トンネルをとおりゃんせ …… 50
- にこにこトラック …… 51
- にこにこ引っ張り競争 …… 52

からだ
からだをめいっぱい動かしたり全身で表現したりしよう

4・5歳児

- イマジネーションできたできた …… 20
- はっけよーい、カメった！ …… 30
- 対面ジャンケンダッシュ …… 54
- ふたりで「なかそとほい」 …… 59
- 「あっちむいてほい」で陣取り合戦 …… 60
- ジャンケン タッチ&ゴー …… 61
- グループワーク○×対決 …… 119

異年齢 カミナリドン！ドン！で集まりっこ …… 49

うた
みんな知ってる歌で楽しく遊ぼう

4・5歳児

- てくてく歩いて、せーので握手 …… 9
- 大波小波で、はい、できた！ …… 10
- 動物園に行こうよ …… 11
- 隣へとんとんひげじいさん …… 19
- ふたりで「なかそとほい」 …… 59
- ひげじいさん（冬編）…あなただれ？ …… 90
- そ〜こが抜けたら逃〜げましょ …… 110

2・3歳児

- ひげじいさんでお引っ越し …… 14
- 歌って変身 …… 15
- 「♪はじまるよ」で変身！ …… 24
- ワニはだれ？ …… 33
- がたがたバスでお引っ越し …… 35
- みんなで○っと、ひげじいさん（秋編） …… 63
- 鬼のパンツを…はいちゃおう …… 103

異年齢

- カミナリドン！ドン！で集まりっこ …… 49
- トンネルをとおりゃんせ …… 50

2・3歳児

- ブラブラからの…ピタッ！ …… 13
- 歌って変身 …… 15
- 「♪はじまるよ」で変身！ …… 24
- ワニはだれ？ …… 33
- ふたりになってパワーアップ …… 55
- ばらして集めて …… 65
- たこ揚げ鬼遊び …… 104
- ネコさんネコさん、手のなるほうへ …… 113
- フープ4つで島渡り …… 123
- おふねさんとおうまさん …… 124

6

おに　かかわりを持てる鬼遊びがいっぱい！

4・5歳児
- ザ・ガードマン ……………………… 71
- しっぽ宝取り ………………………… 81
- 上下鬼 ………………………………… 89
- ひげじいさん（冬編）…あなただれ？ … 90
- カッパ鬼 ……………………………… 91
- ザ・ガードマンⅡ …………………… 101
- 3対1で、しっぽくぐり抜け ……… 109
- そ〜こが抜けたら逃〜げましょ …… 110
- レッツトライ！ ……………………… 111

2・3歳児
- ダンゴムシ …………………………… 84
- 逃げようか？追いかけようか？ …… 93
- いっしょだからだいじょうぶ ……… 94
- ネズミとネコ（おむすびころりん）… 95
- 鬼のパンツを…はいちゃおう ……… 103
- たこ揚げ鬼遊び ……………………… 104
- ネコさんネコさん、手のなるほうへ … 113
- 壁鬼 …………………………………… 114
- 円形通り抜け鬼 ……………………… 125

じゃんけん　シンプルだけど、魅力満載！

4・5歳児
- あいこでドカン、ジャンケン列車 … 29
- ジャンケンすごろく ………………… 31
- 対面ジャンケンダッシュ …………… 54
- 「あっちむいてほい」で陣取り合戦 … 60
- ジャンケン タッチ＆ゴー ………… 61
- ぐるっとジャンケン ………………… 79
- ふたりで宝集め ……………………… 80
- 3人宝集め電車 ……………………… 99

2・3歳児
- いっぱいジャンケン ………………… 73

異年齢
- 3色ジャンケン列車 ………………… 53

ひっこし　繰り返しおひっこしでワクワクいっぱい

4・5歳児
- ミックスサンド引っ越し … 21
- パスパスキャッチ ……… 69

2・3歳児
- ひげじいさんでお引っ越し ………… 14
- だるまさんでお引っ越し …………… 25
- ○○くん、○○ちゃんまでよーイドンで握手 … 34
- がたがたバスでお引っ越し ………… 35
- だるまさんがころんて、よーいドン … 64

異年齢
- にこにこトラック …………………… 51
- にこにこ引っ張り競争 ……………… 52

ボール　投げたりけったり……遊びが広がる！

4・5歳児
- パスパスキャッチ …………………… 69
- ドーナツ中当て ……………………… 70
- はさみんボール ……………………… 100
- レッツトライ！ ……………………… 111
- 四方八方転がしドッジ ……………… 120
- ボール取り半分ずつ交替 …………… 121

2・3歳児
- だるまさんは…どこだ？ …………… 83
- 玉当て競争 …………………………… 105
- 赤玉で白玉であんな形、こんな形 … 115

プール　楽しく水慣れしよう

4・5歳児
- フープをジャンプ …………………… 39
- シートにダイブ！ …………………… 40
- ウキウキ浮き競争 …………………… 41

2・3歳児
- 透明宝探し …………………………… 43
- 手作りおもちゃ ……………………… 44
- タライ沈め …………………………… 45

子どもの姿から考える 4月のあそび

4・5歳児

- うた ふれあい　てくてく歩いて、せーので握手……9
- うた　大波小波で、はい、できた！……10
- うた　動物園に行こうよ……11

4・5歳児の4月は…
保育者と子どもの共有物!!
定番の歌で仲よくなろう！

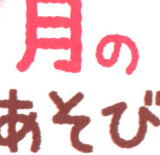

①保育者も子どもも ドキドキの新学期
- どんなクラスになるかな…♡
- どんなせんせいかなぁ…？
- どんなことしてあそぶんだろう…

②でも…
- みんなおどろう！
- あっあれ…
- さっ歌おう　あっあれ？
- なんか警戒されてる!?　どうやって遊んだらいいの？いっぱい遊び考えたのに─!!

③そんなときは、ぼくにおまかせ！
- はっ！
- あっ、あなたは？
- トゥッ

④なるほど！
- ぼくは遊びっくりマン！
  4月は保育者と子どもの出会いの時期！！
  まずは、だれでも知ってる歌で子どもの心をググッとつかむんだよ

と、いうわけで…
今月は保育者も子どもも知ってる定番の歌で子どもと仲よくなれる遊び！！

4月 4・5歳児

ちょこっと遊ぼう

てくてく歩いて、せーので握手

握手、タッチ、ハグハグ！

準備物：イス（人数分）

うた／ふれあい

① 歌に合わせて遊ぶ

イスを円形に並べ、『あくしゅでこんにちは』をアレンジして歌いながら遊びます。

♪てくてくてくてく あるいてきて
立ち上がって中央に歩いていく。

♪こんにちは ごきげんいかが
「こんにちは」でおじぎして、「ごきげんいかが」でその場でバイバイ。

♪あくしゅで あくしゅで～（5回繰り返す）
次々と相手を変えて握手
違う友達と次々に5回握手する。
ふたりめ～！

② タッチで・ハグでを繰り返す

席に戻らずに、歌を繰り返しながら円の中を歩き、2番は「タッチでタッチで」、3番は「ハグハグで」と動きの部分を変えて行ないます。

2番 タッチでタッチで
3番 ハグハグで

遊びのツボ　たくさんの友達とふれあえる

知っている歌で、動きもわかりやすいので、まだよく知らない友達ともしぜんとふれあうことができます。また、握手やタッチ、ハグのチャンスが5回あるので、1回目にタイミングを逃しても、繰り返すことで必ずだれかとふれあえるので、全員が楽しめます。

『あくしゅでこんにちは』　作詞／まど・みちお　作曲／渡辺 茂

てくてく てくてく あるいてきて あくしゅで
こんにちは ごきげんいかが

ちょこっと遊ぼう

成功なるか!? 3人の挑戦！ 大波小波で、はい、できた！ ♪

① 歌に合わせてグループで動く

3人または4人ひと組になり、ふたりは向き合って手をつないでトンネルをつくります。『おおなみこなみ』をアレンジした歌に合わせて遊びます。

♪おおなみ

トンネルをもうひとりの子どもがくぐり、トンネルの外側を回る。

♪こなみで

ふたりは手をつないだまましゃがみ、もうひとりが跳び越える。

♪ひっくりかえって

ふたりは片手を離して反対側を向いて背中合わせで手をつなぎ直す。
その間に跳んだ子はまた外側をぐるっと回る。

♪あっぷっぷ

背中合わせのふたりの間にスッと入って立てたら成功！

② 役割を変えて繰り返す

3人で役割を交替しながら繰り返しましょう。

つぎは〇〇ちゃんがくぐるひとね

遊びのツボ　共通認識で互いを理解し合う

3人がそれぞれの役割を、歌を通じて担っていきます。どのように動くかを共通認識することで、互いを理解し、相手に合わせられるようになります。

『おおなみこなみ』 わらべうた のメロディーで

おお　なみ　こなみで　ひっくりかえって　あっぷっぷ

4月 4・5歳児

動物園に行こうよ

集まって、座って、いろいろドキドキ

いっぱい遊ぼう

① イスの間を自由に歩く

『もうじゅうがりにいこうよ』（唱え歌）をアレンジして歌いながら自由に歩きます。まずは保育者が歌い、続いて子どもが繰り返して歌います。

準備物
●イス（人数分）
●イスをふたつずつランダムに置く。

♪うた

1. どうぶつえんにいこうよ
（どうぶつえんにいこうよ）

全員でその場で足踏みする。

2. なんのどうぶつみようかな
（なんのどうぶつみようかな）

腕を曲げ、わきをパタパタしながら歩く（わくわくした感じ）。子どももまねをする。

3. おっきいどうぶつなにがいる
（おっきいどうぶつなにがいる）

止まって手で大きな丸を作る。子どももまねをする。

4. ちっちゃいどうぶつなにがいる
（ちっちゃいどうぶつなにがいる）

ひとさし指でくるっと小さく丸を作る。子どももまねをする。

5. いっぱいどうぶつみてみよう
（いっぱいどうぶつみてみよう）

手を双眼鏡のようにして、辺りを見渡す。子どももまねする。

② 友達を集めてイスに座る

\フラミンゴ／　\ゴリラ／ 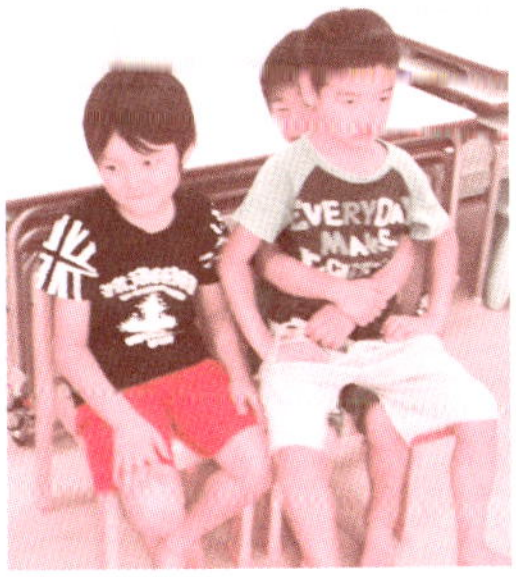　\あっ！／

保育者「あっ！」、子ども「あっ！」で指をさし、保育者が「ゾウ」と言うと、ふたり組になってイスに座ります。はじめから繰り返し、「ゴリラ」→3人、「ライオン」→4人、「フラミンゴ」→5人と、文字数と同じ人数で、2脚のイスに工夫して座ります。

遊びのツボ　座り方を考えながら

2脚の限られたイスの数に、「だれか？」「どこに？」「どうやって？」座るのかを子ども同士で「ああでもないこうでもない」とやりとりします。だんだん座る人数を増やしていきましょう。

4・5歳児 今月のまとめ　理解し、相手に合わせる

知っている歌や遊びがきっかけとなることで、ルール（動きや、始まりと終わりなど）を理解するスピードが速くなり、互いに相手に合わせられるようになります。子どもたちの関係も深まっていきます。

子どもの姿から考える

4月のあそび

2・3歳児

- ブラブラからの…ピタッ！……13
- ひげじいさんでお引っ越し……14
- 歌って変身……15

2・3歳児の4月は…

やるorやらないはその子におまかせ！
見ているだけでも参加してるよ！

と、いうわけで…泣いている子もボーッとしている子も
やるかやらないかはその子次第でOK！な遊びを紹介！

4月 2・3歳児

ちょこっと遊ぼう

ブラブラからの…ピタッ！

その場で簡単、不思議と集中

❶ 手をブラブラさせる

保育者は「ブラブラ〜」と言いながら手をブラブラさせ、子どもたちはまねをします。

❷ 保育者の動きをまねして体をタッチ

保育者が「頭！」と言って両手を頭に乗せたら、子どもたちはまねをします。「ブラブラ…」の後に「肩」「ひざ」など体の部位を言って両手で押さえることを繰り返します。

アレンジ ポーズを変えて

「1本足」「飛行機」「サル」などのポーズにアレンジしても楽しいでしょう。

❸ みんなで「気をつけ」

最後に「ブラブラ…気をつけ！」と言うと、不思議とみんなが「気をつけ」できます。「体育座り」にしてもいいでしょう。

遊びのツボ

すぐできて、不思議と集中！

「まねしてね」と言わなくても「ブラブラ…」と始めると子どもたちはまねし始めます。まねしなくてもジッと見ています。動きがわかりやすいので、やってみたくなるようです。短時間で集中させ、次の展開につなげるための遊びにするといいでしょう。

ちょこっと遊ぼう

ひげじいさんでお引っ越し

よく知っている遊びが合図でスタート

準備物
- イス（人数分）、マット1枚
- イスを横1列に並べ、離れた所にマットを置く。

うた　ひっこし

① イスに座ってスタンバイする
全員でイスに並んで座ってスタンバイ。

② 歌に合わせて引っ越しする
「♪とんとんとんとんひげじいさん、引っ越し〜！」で手遊びをして、ひげじいさんのポーズのままで向かい側のマットに引っ越します。イスとマットとの引っ越しを繰り返しましょう。（こぶじいさん、てんぐさん、めがねさんも同様に）

ひげじいさんのまま引っ越し

ひげじいさん引っ越し〜！

めがねさん引っ越し〜！

遊びのツボ　安心して参加できる

移動を繰り返すだけの単純明快な遊びです。だれもが知っている手遊びで、また、イスやマットという明確な場所設定があることで、安心して参加しやすくなっています。

『とんとんとんとんひげじいさん』　作詞不詳　作曲／玉山英光

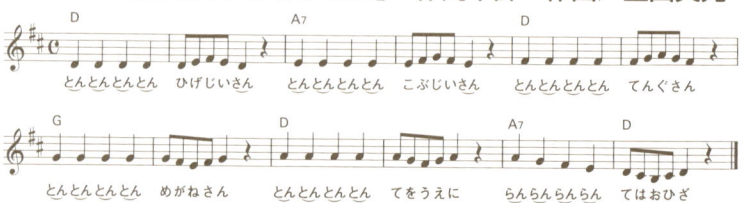

とんとんとんとん　ひげじいさん　とんとんとんとん　こぶじいさん　とんとんとんとん　てんぐさん
とんとんとんとん　めがねさん　とんとんとんとん　てをうえに　らんらんらんらん　てはおひざ

4月 2・3歳児 いっぱい遊ぼう

歌って変身
歌って、見て、気持ちもウキウキ

準備物
- イス（人数分）
  ●イスを円形に並べる（半円、四角、対面でも可）

うた／からだ

「ウサギになりましょ♪」

1 『アルプス一万尺』の替え歌でウサギのポーズ
子どもたちはイスに座ります。保育者は『アルプス一万尺』の替え歌で、「♪ウサギになりましょ、ウサギになりましょ、みんなでウサギになりましょう」と歌い、手を頭の上に置いてウサギのポーズをします。子どもたちもまねをします。

2 前に出て変身したポーズで歩く
「♪ランラララ…」の部分で、前に出たい子は、ウサギのポーズのまま前に出て歩きます。「♪…ラー」で歌が終わり、保育者の「戻りましょう」の合図でイスに戻ります。

座ったまま見ていてもOK

アレンジ いろいろな動物で 
変身する動物を「ライオン」「ペンギン」などに変えて繰り返しましょう。

遊びのツボ　何に変身するか一目瞭然
歌と動きで伝えることで、イメージを持ちやすくなります。また、参加できなくても、みんなの姿がよく見えるので、徐々に理解が深まり、より参加したい意欲がわきます。

『アルプス一万尺』　作詞不詳　アメリカ曲

2・3歳児 今月のまとめ　単純な動きと歌で

4月のドタバタした状況の中、子どもたちを一斉に集団状態に導くことは難しいものです。しかし、単純明快で「やってみたい」と思うような動きや歌なら、見て、しぜんとまねをして無理なく参加することができます。「みんないっしょ」や「知っていること」が安心につながるので、細かいルールや動きにするのではなく、表現の幅が広がっても成り立つような遊びがいいでしょう。

先輩からの深イイ！あそびなるほどアドバイス

遊子と智基の

忙しい4月だからこそ！ みんなが知っている歌で友達といっしょに体を動かす遊びを

みんなで…

> みんなで体を動かす遊びって、そんなに大事なのかしら？

> もちろんだよ。体を動かすって、乳幼児期の成長や発達にとても大事なことだとみんなわかっているけど、最近、毎日の生活の中で運動していない子どもが多いんだ。だから文部科学省も平成24年3月に国として『幼児期運動指針』を出したんだよ。

体を動かして遊ぼう！

あまりできてないかも

> そういわれてみると、私もあまりできていないかも…です。

> う〜ん、**取っかかりが難しいから**そうなるんだと思うよ。子どもが遊ぶ環境をつくったり子どもの気持ちを読み取ったりするのは、保育者だけががんばればいい話なんだよね。

> でもルールのあるゲームをクラスみんなでするには、**子どもたちに"フィット"したゲームのネタやルール**を考えたり、いろいろな子どもがいる**集団**をひとつの方向に導いたりする**チカラ**や**センス**が必要で、そこがとっても、難しいんだよ。

集団で楽しむには…

16

フィットって？

なるほど！ でも、子どもたちに"フィット"する、って具体的にどういうことなのかしら？

もちろん、子どもたちが"楽しい"と感じながら活動するのが第一だけど、先生が子どもに逐一指示せずに、**「待ち時間もなくて全員が参加できるルール」**であること。それから、子どもが楽しいといっても今の教育・保育課題である**「関係性を深めるルール」**であることが必要なんだ。ここがポイントなんだよ。

ポイントはここ！

4月はいろいろ大変で

「遊びっくり箱＋(プラス)」ってネタの紹介だけじゃないんですね。でも、4月の入園、進級のときって、クラスがひっくり返って大変なときですよね。

そうなんだ、だから4月は、みんながよく知っている歌を媒介にしたルールのあるゲームを多く紹介して、先生たちが**取りかかりやすい内容**になっているんだよ。

4月でもOK！

子どもの姿から考える 5月のあそび

4・5歳児

- うた／ふれあい　隣へとんとんひげじいさん……19
- からだ　イマジネーションできたできた……20
- ひっこし　ミックスサンド引っ越し……21

4・5歳児の5月は…
遊びを通して仲よくなれる
いろいろな友達とふれあおう！

と、いうわけで…
今月は、かたよりなくいろいろな友達とかかわるきっかけになる遊びだよ！

ちょこっと遊ぼう

隣へとんとんひげじいさん

ひげじいさんで輪になって遊ぼう

準備物
- イス（人数分）
- イスを円形に並べる。

うた / ふれあい

5月 4・5歳児

歌に合わせて遊ぶ

グループ（5〜7人）に分かれて円になって座り、「とんとんとんとんひげじいさん」の歌に合わせて遊びます。

♪とんとんとんとんひげじいさん

♪ひげじいさん　♪とんとん〜

右の子の肩をグーで4回軽くたたき、「ひげじいさん」で自分のあごでひげじいさんをする。

♪とんとんとんとんこぶじいさん

♪こぶじいさん　♪とんとん〜

左の子の肩をグーで4回軽くたたき、「こぶじいさん」で自分のほっぺでこぶじいさん。

♪とんとん〜めがねさん

同じ要領で「てんぐさん」（こぶしを鼻に）→「めがねさん」（両手をめがねのように）を繰り返す。

♪とんとん〜てはおひざ　♪らんらん〜

「♪てをうえに」で両手を上にして「♪らんらん・・」で手をキラキラさせて下ろし、手をひざにして終わる。何度か繰り返したら、座る場所を変えて遊びます。

※慣れてきたらスピードアップしてみましょう。

アレンジ 左右2回ずつで

慣れてきたら、「とんとんとんとん」を右2回・左2回でチャレンジ！

とんとん　パッ　とんとん

遊びのツボ　テンポアップはタイミングが重要

初めはゆっくりにして、できてきたら速くします。子どもたちがある程度動きを理解し、次の展開に興味を持ち始めたときにテンポアップすることが大切です。

※楽譜はP.14を参照ください

ちょこっと遊ぼう

こんな感じ？ こんな形？

イマジネーションできたできた

♥ からだ

① 手をつないで回る

6人ひと組で手をつないで円になります。「でーきたできた（保育者）「♪なーにができた？」（子どもたち）と歌いながら手をつないだまま回ります。

♪な〜にができた

でーきたできた

② テーマを投げかける

保育者は「風！」のような抽象的なテーマを投げかけ、子どもたちはグループごとに相談して形を決めます。

かぜって こうかな？

風！

どうする？

③ グループごとに発表

形が決まったグループは手を上げ、「♪でーきたできた…」から始めて発表します。

かぜ！

お〜！！ すご〜い！！ ビュ〜〜！

※さらに相談を続け、同じグループが2度続けて発表してもよいこととします。すべてのグループが発表できたら、同じ要領で違うテーマ（海、山、雲など）を投げかけます。

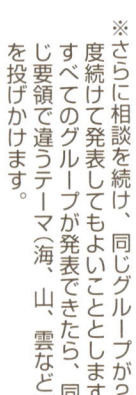

遊びのツボ　話し合いで仲間意識を高める

形のできばえよりも、子ども同士の話し合いが大切です。「なぜそんなふうに決まったの？」「みんなはどう思う？」など話し合うことでクラスの仲間意識が高まるきっかけとなります。

くも！

20

ミックスサンド引っ越し

いっぱい遊ぼう

かかわり合いもミックスしよう！

5月 4・5歳児

準備物：フープ（人数の半数）

1 ふたりでフープの中に入る

ふたりひと組になってフープの中に立って入り、「ハム」と「タマゴ」の役割を決めます。

2 保育者の合図で引っ越し

保育者が「ハムサンド！」と言うと、ハムの子どもはほかのフープに引っ越しし、ふたりになったところは座ります。「タマゴサンド！」も同様に。何度か繰り返します。

3 全員で引っ越し

「ミックスサンド！！」と言えば全員がフープから出て、新たなハムとタマゴのふたり組になってフープの中に入ります。

※4歳児は帽子で色分けしたほうがいいでしょう。5歳児はあえて色分けせず、互いに伝え合いっこペアになるようにしましょう。

遊びのツボ

わかりやすさが楽しさと集中力の秘訣

「ふたりそろったらフープの中で座る」という動きが大切です。全員が立ったままの状態だと、ペアになれているのか、空いているところはどこなのかが保育者も子どももわかりにくく、遊びが散漫になってしまいます。

4・5歳児 今月のまとめ

友達の多様性を知る

4月に引き続いて「歌」や「リズム」が盛り込まれた遊びですが、今月は「関係性を築くきっかけづくり」という要素が含まれています。みんなで一斉にする遊びの中では、個々の好みやこだわりを超えて、いろいろな友達とかかわる状況が生まれます。そこから友達の多様性を学ぶきっかけへとつながります。

子どもの姿から考える

5月のあそび

2・3歳児

- 定番☆ふれあい遊び……23
- 「♪はじまるよ」で変身！……24
- だるまさんでお引っ越し……25

2・3歳児の5月は…

みんないっしょに楽しめる
毎日繰り返す定番遊びを見つけよう！

と、いうわけで… 今月は、毎日定番で楽しめるようになる遊びを紹介するわよ！

22

5月 2・3歳児

ちょこっと遊ぼう

繰り返しは力なり！
定番☆ふれあい遊び

 ふれあい

準備物
- イス（人数分）
● イスをふたつずつ向かい合わせに並べる。

① ふたり組になって握手
ふたりで向かい合ってイスに座ります。両手をつないで立ち、「あくしゅ あくしゅ あくしゅでこんにちは」で握手をします。

あくしゅでこんにちは

② パチパチトントン
「パチパチ」でそれぞれ手拍子し、「トントン」でふたりで両手を合わせます（3回繰り返す）

パチパチ

↓

トントン

③ なべなべそこぬけ
「なべなべそこぬけ」をします。

かえりましょ！

④ バンザイして握手
ふたりでバンザイをしてから、両手で「あくしゅ あくしゅ あくしゅで さようなら」をして別れ、歩きます。

バンザイ！

あくしゅ

さようなら！

ピアノに合わせてお散歩し、保育者の「ストップ」の合図で新たなペアになってイスに座り、繰り返す。

遊びのツボ

同じパターン、同じテンポで

「パチパチトントン」や「なべなべそこぬけ」は、ゆっくりめのテンポで繰り返すことがツボです。また、毎日もしく、は週3回程度、定番活動として繰り返すことで、子ども同士がつながる土台づくりとなります。

ちょこっと遊ぼう

歌とリズムといろいろポーズ
「♪はじまるよ」で変身！

♪うた ♥からだ

---

① みんなで手拍子

「♪はじまるよったらはじまるよ〜」と節を付けて歌いながら手拍子します。

〽はじまるよったら〜

② 動物のポーズで

保育者が「お耳とお耳でウサギさん」と言って手を頭の上にしたポーズを見せて、「ウサギさんったらウサギさん♪」とみんなでピョンピョンします。

ウサギさんったら ウサギさん♪

お耳とお耳で…

カエルさん〜

ゾウさん〜

③ ほかの動物の動きも

次はどんな動物になるかを子どもたちと相談します。手拍子から繰り返し、「お鼻の長いゾウさん」（片手を鼻に見たてのしのし歩く）や「ケロケロぴょんぴょんカエルさん」（両手両足を床に着いてぴょんと跳ぶ）などの動きをします。

※ほかにもウマ、カニ、車、飛行機などのバリエーションを加えてもいいでしょう。

遊びのツボ 掛け合いを楽しむ

「次はどんな動物がいい？」「〇〇になりたい！」など、子どもたちとの掛け合い（やりとり）の部分をいかに楽しむかがポイントです。歌と動きの部分はテンポよくスムーズに進めましょう。

だるまさんでお引っ越し

5月 / 2・3歳児

いっぱい遊ぼう

アウトがなくてもドキドキワクワク

進備物：マット

① 「だるまさんがころんだ」をする

子どもたちはマットの上に立ち、保育者と「だるまさんがころんだ」をします。

「だるまさんがころん…」で進み、「だ」でストップ。（止まれなくてもアウトにしない）

② 保育者にタッチ

子どもたちは、保育者にタッチします。全員タッチできたらマットまで戻り、繰り返します。

5歳児に数人入ってもらうなど、異年齢で遊んでみてもよいでしょう。

遊びのツボ　めりはりがドキドキ・ワクワクの要素

めりはりのある動きを繰り返すことがおもしろさのポイントです。早くたどり着きたいけど止まらなければならない、という矛盾した動きが、よりいっそうドキドキ・ワクワク感を高めます。

「だるまさんが…」

2・3歳児 今月のまとめ　パターンとツボを押さえて遊ぶ

今月の3つの遊びに共通するのは「パターン化」です。パターン化したものを遊びの軸とし、「いろいろな友達と…」や、「掛け合いを大切に…」、「めりはりのある…」というように、その遊びならではの「ツボ」を押さえていくことで、その遊びが機能します。

先輩からの
深イイ！あそびなるほどアドバイス

遊子と智基の

まだまだ5月騒がしいけど

ひかり組（2歳児・3歳児）の子どもたちが、落ち着いて遊びを楽しめる、そのワケは…？

2歳児の5月半ばなのにびっくり！

智基先生、ひかり組さんがふたり組になって"トントンパチパチ"って、楽しそうにやってました！　まだ、5月の半ばなのにびっくり！

4月の初めから少しずつ遊んでいたんだよ

そうだね。あれは、4月の初めくらいから、給食の準備をしている少しの時間、毎日毎日部屋の隅っこでやっていたんだよ。

よく飽きないですね…

毎日ずっと同じことばかり？　よく飽きないですね！

飽きる？　反対だよ。**同じことをだいたい同じ時間に同じ場所でしていたから、ほとんどの子が楽しめるんだよ。**といっても、初めのうちは、ずっと"ぐちゃぐちゃ"だったけどね。

反対だよ！楽しめるんだよ

"ぐちゃぐちゃ"？　へ〜、私だったら"ぐちゃぐちゃ"になったら、即やめてしまいますけどね。まだ「発達」がそこまでいってないんだなーって判断して。

"ぐちゃぐちゃ"の中で学んで楽しめるようになったという見方ができるんじゃないかな。毎日、同じ動きを同じ順番で繰り返すから、友達の動きを見ながら、その子なりにいろいろ考えて試して、だんだんふたり組の動きを楽しめるようになってきた、というわけさ。

そ〜か。2歳児・3歳児って、同じことを同じ順番で少しの時間繰り返すことで楽しめるってわけなんですね。

4歳児・5歳児だって同じ！19ページで紹介している『隣へとんとんひげじいさん』のように、遊び方の順番が決まっているから、いろいろな友達とふれあって楽しめるんだよ、ね！

子どもの姿から考える **6月のあそび**

- あいこでドカン、ジャンケン列車……29
- はっけよーい、カメった！……30
- ジャンケンすごろく……31

 4・5歳児の6月は… ムシ暑さを忘れてしまうくらい **集中できる遊びを楽しもう！**

①
本当にみんな いろいろな 友達と遊べるようになってきたな〜♪

②
な・の・に…
梅雨のジメジメムシムシのこの気候のせいか最近集中力に欠けるのよねー

③
こんな梅雨の季節でも楽しく遊びたいんだけど…
遊びっくリマン来てくれないかしら
助けて遊びっくリマン〜
ぼくやめる〜
えっもう？

④
ぼくのこと呼んだね
そんなときは **こんな遊び！**
ムシ暑さを忘れてしまうくらい **集中できる** 遊びを教えるよ！
さっそく遊びます
なになに？
ジャーン！
遊びっくリマンありがとー♡

と、いうわけで…
今月は集中して楽しめる遊び！ さっそく遊んじゃおう！！

ちょこっと遊ぼう

あいこでドカン、ジャンケン列車
一発大逆転できるかも

6月 4・5歳児

① 相手を見つけてジャンケン
自由に歩いて相手を見つけてジャンケンします。勝った子が先頭、負けた子は後ろにつながって列車になります。

② 列車同士でジャンケン
先頭の子は、ほかの列車とどんどんジャンケンします。勝ったら先頭のまま、負けたら後ろにつながります。

③ 「あいこでドカン」
あいこの場合、「あいこでドカン」と言って両チームともバラバラになり、またひとりずつスタートします。

「あいこでドカン」を押さえておく
「あいこでしょ」とジャンケンを続けてしまいがちですので、ゲームを始める前に見本を見せ、「ジャンケンポン、あいこでドカン」という合い言葉を押さえておくといいでしょう。

あいこでドカン！

遊びのツボ ジャンケンの機会の多さが楽しい
一度の負けで最後までつながったままという状況は、幼児期では楽しめません。「あいこでドカン」で解放され、ジャンケンをする機会が増えたことで、楽しさと意欲がアップします。

ちょこっと遊ぼう

息を合わせて対決だ！
はっけよーい、カメった！

準備物 フープ（ふたりに1個）

① フープの土俵に入る

ふたりひと組になり、フープの土俵に背中合わせで入ります。

② 歌に合わせて互いのおしりを当てる

みんなで『うさぎとかめ』を歌います。「♪もしもしカメよ カメさんよ」の「よ」の後にチョンと軽く互いのおしりを当てます。「♪世界のうちでお前ほど」「♪歩みののろいものはない」も同様にします。

③ 最後に1回勝負する

「♪どうしてそんなにのろいのか」の後でチョンとおしりを当てた後、「はっけよーい、カメった」の合図で本気でおしりを1回だけぶつけ合います。フープから出たほうが勝ち。どちらも出なければ引き分け。

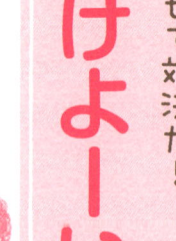

本気で1回勝負
何度も押し合いたくなりますので、5秒程度カウントを取り、終わりを明確にしてもよいでしょう。

遊びのツボ
動きを合わせて集中力を高める

全員で歌に動きをしっかり合わせることが儀式となって、対決へのワクワク感を高めます。だんだん勝負が近づいてくると表情が真剣になり、集中力もアップします。

『うさぎとかめ』
作詞／石原和三郎　作曲／納所弁次郎

アレンジ 手や背中で押し合い

向かい合って手で押し合ったり、座って背中合わせで押し合ったりしても楽しめます。

何回勝つことができるかな？
ジャンケンすごろく

ルール
・ジャンケンに勝ったら立っている子でも座っている子でも次の列に進む
・ジャンケンに負けたら立っている子でも座っている子でもその列の後ろに並ぶ
・1周したら1点獲得

移動してジャンケンする

4人組になり、先頭の子はイスに座り、残りの3人はイスの後ろに並びます。先頭の子はイスの進行方向に移動し、イスの子のところに行ったらジャンケンをします（次の子はイスが空いたら座りジャンケンしに来る子を待ちます）。勝ったら隣のイスに進み、再びジャンケン。負けたら元の場所に戻らず、その列のいちばん後ろに並びます。ジャンケンに勝ち進み、1周して自分がいた最初の列に戻れたら1点獲得。時間を決めて繰り返します。

準備物
● イス（1人に1個）
イスを円形に並べ、進行方向を決めておく。

列の次の子はイスが空いたら座り、ジャンケンしに来る子を待つ

負けたらその列の後ろに並ぶ

勝ったら次のイスに進む

かった！つぎにすすもう！

まけちゃったうしろにならばないと

負けたらその列の後ろに並ぶ

遊びのツボ　理解力を高めるチャンス

初めはひとりの子に動いてもらって見本を見せましょう。実際にやってみて、6〜7割の子が理解していれば続行、5割以下なら再度説明したほうがいいでしょう。複雑なルールは、子どもの理解力を高めます。互いに伝え合う姿なども見られ、子ども同士、刺激になります。

4・5歳児今月のまとめ　集中力と意欲のアップが大切

6月は、いかに蒸し暑さを忘れてゲームに集中できるかがポイントです。勝ち負けのある遊びは、何度もチャンスがあること、タイミングを合わせて公平さが保たれること、だれにでも勝つ可能性があることが大切です。次のチャンスがあるからこそ集中力がアップし、次への意欲にもつながります。

子どもの姿から考える

6月のあそび

2・3歳児

うた	からだ	ワニはだれ？……33
ふれあい	ひっこし	○○くん、○○ちゃんまでよーイドンで握手……34
うた	ひっこし	がたがたバスでお引っ越し……35

2・3歳児の6月は…

集中力アップを目ざして
いつも以上にめりはりを意識して遊ぼう！

①5月なのに…こんなに楽しそうに遊べてるなんて私のクラスすごい‼ （回想中）

②と思ったのに何だか遊べてないな〜

③梅雨でジメジメムシムシ子どもたちも集中しにくいわよね　わっまたあなたね　そ、そうか集中しにくい…！

④めりはりが大切！　だから今月はいつも以上に**めりはり**を意識した遊びをしてみましょう　はいっ！

と、いうわけで… 今月は集中力アップを目ざして、めりはりをつけた遊びだよ！

ちょこっと遊ぼう

次はだれかな…？ ワニはだれ？

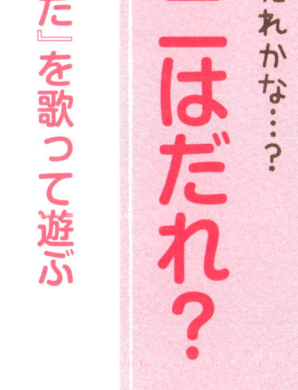

6月 2・3歳児

1. 『わにのうた』を歌って遊ぶ

1. わにがおよぐ～
両腕をワニの口のように上下に動かす。

2. めだまをだして
手を目の周りに当てて首を左右に動かす。

3. めだまぎょろろ～
手首を左右にひねる。

4. およいでいるよ
1と同様、両腕をワニの口のように上下に動かす。

2. 歌詞を変えて歌う

「♪わにがおよぐ」の部分を「♪わにの○○（男の子、女の子、あるいは子どもの名前）がおよぐ」と変えて歌い、同じ振り付けをします（初めは振り付けなしでやってみましょう）。

3. ワニになって動く

歌い終わったら、「わにの○○」と言われた子どもたちは腹ばいでワニになって動き、ほかの子を追いかけます。捕まらない程度の時間（5秒くらい）で終了し、繰り返します。

にげろ～

遊びのツボ：捕まりそうで捕まらない安心感

ワニになっている子も、逃げる子も歌をうたっているところでワクワク感が高まります。実際に追いかける時間を5秒程度にし、「絶対に捕まらない」という安心感があることが、繰り返し楽しめる大切なポイントです。

『わにのうた』 作詞／上坪マヤ　作曲／峯 陽

わにが およぐ わにが およぐ めだまを だし て ー
めだま ぎょろろ めだま ぎょろろ およいで い る よ ー

いっぱい遊ぼう

あの子はどこかな？

○○くん、○○ちゃんまでよーいドンで握手

ふれあい / ひっこし

準備物
- マット2枚
  マットを5〜7mほど離して置く。

1 マットからマットへ移動する

2チームに分かれてマットに入り、Aチームの子がBチームのマットへ行きます。

2 握手をしてマットに戻る

Aチームの子がランダムに相手を見つけて「あくしゅあくしゅあくしゅあくしゅでこんにちは」「あくしゅあくしゅあくしゅあくしゅでさようなら」をして、Aチームの子は自分のマットに戻ります。（必ずしもふたり組でなくてもよい）

3 交替して友達と握手する

保育者がBチームの子どもたちに「じゃあさっき握手した友達のところまでよーいドンするよ。いくよ、よーい、ドン」と言うと、Bチームの子どもがAマットに行き、Bチームの子を見つけて、同じように握手をしてマットに戻ります。

チームを交替して繰り返す。

遊びのツボ

明確な目標と、短い距離を行ったり来たりの繰り返し

「反対側の友達のところまで」という目標と、「よーい、ドン」の合図、「あくしゅあくしゅ」のふれあい、短い距離を行ったり来たりの繰り返しだけで、この年齢の子どもは十分に楽しめます。

がたがたバスでお引っ越し

バスに乗って出発だ！

いっぱい遊ぼう

6月 2・3歳児

準備物
- イス（人数分）
- イスを左図のように並べてバスの座席に見たてる。

1 イスに座って歌う

イスに座り、ハンドルを握るように手を動かしながら『がたがたバス』を歌います。

2 別のイスへ移動する

保育者の「間もなく○○へ出発します。3、2、1、出発！」の合図で、別のイスのところまで行き、「3、2、1、ストップ」の合図で全員がどこかのイスに座ります。

イスが動いてしまったら、ようすを見て整えましょう。

遊びのツボ　同じイメージを持って雰囲気を楽しむ

GO＆STOPでめりはりのあるパターンを繰り返すだけでも楽しめますが、イスをバスの座席に見たて、歌や振りを入れることで、「バスごっこ」を楽しめます。イスの並びを変えるなどしても遊びの幅は広がります。

『がたがたバス』　日本語詞／志摩 桂　外国曲

がたがた バス　がたがた バス　はしります　はしります
どこまで いくの　どこまで いくの　ピッ ポー ポー　ピッ ポー ポー

2・3歳児 今月のまとめ　めりはりを意識して集中力アップ

ムシムシとして集中力が散漫になりやすいこの時期は、短い距離の行き来、短いテンポでGO＆STOPの繰り返し、というように、いつも以上に「めりはり」を意識しなければなりません。1分間同じことを続けるのであれば、20秒ずつ3回に分ける、10m進むのであれば、5mを行ったり来たり、というようなイメージです。たったこれだけの違いで、子どもたちの表情はキラキラと輝きます。

遊子と智基の 先輩からの 深イイ！
あそびなるほどアドバイス

6月 蒸し暑くても運動しよう
蒸し暑さを跳ね返すには…？

蒸し暑い時期に体を動かす意味って…？

ねえ、智基先生。梅雨の時期って、蒸し暑くて運動なんかしていられないと思うんだけど。それでも体を動かす意味ってあるんですか？

そうだね。蒸し暑いと大人は不快感でいっぱいだけど、集中して遊んでいる子どもは不快感を忘れることができるみたいだよ。

子どもは集中すると蒸し暑さを忘れるんだよ。

あんまり激しく動き回るのは…

どういうことですか？　蒸し暑いから集中することが難しいんじゃないでしょうか。それに鬼ごっこみたいに激しく動き回る遊びに熱中していると熱中症になったらたいへん。あまりやろうと思わないです…。

戸外の鬼ごっこはおすすめじゃないけど、**この時期に汗をしっかりかいて、汗腺を増やしておくことが熱中症予防になる**といわれているんだよ。
でも、今月の活動なら、そんなに心配しなくてもいいし、きっと子どもたちが集中して遊べると思うよ。

この時期にしっかり汗をかかないとね！

36

どうしてですか？

> どうして、そんなことがいえるんでしょう？

> 『あいこでドカン、ジャンケン列車』『はっけよーい、カメった！』『ジャンケンすごろく』なんかは、「ゴー」「ストップ」のめりはりがしっかりあるでしょう。運動量はそんなになくてもかなりドキドキ感があるしね。だから集中できるんだよ。広くない部屋でも十分にできるしね。

めりはりが
しっかりあるからね

なるほど！ めりはり

> なるほど、めりはりですね。じゃ〜さっそく、6月の内容を見てやっくみようっと！

> うん、ぜひ！ 子どもたちと遊んで蒸し暑さを跳ね返してね。

子どもの姿から考える 7月のあそび

4・5歳児

- 🅟 フープをジャンプ……39
- 🅟 シートにダイブ！……40
- 🅟 ウキウキ浮き競争……41

4・5歳児の7月は…
水慣れアイテムで
プール遊びを思いっ切り楽しもう！

1 夏まっさかり
子どもたちには思いっ切りプール遊びを楽しんでほしいわ

2 でも どうすれば もっと水に慣れてプール遊びを満喫 できるようになるのかしら
うちのクラスはほぼみんなが水遊びが好きだけどそれでも、個人差はあるし…

3 ポポポン
えいっ！
そんなときはこんなアイディアはいかが？

4 4・5歳児のプール遊びではさらに「水慣れが進むアイテム」を使ってプール遊びを満喫するといいよ
なるほど！

と、いうわけで…今月は水慣れがさらに進んで、思いっ切り楽しめるプール遊びを紹介するよ！

7月 4・5歳児

ちょこっと遊ぼう

フープをジャンプ

仲間と息を合わせて、水しぶきを楽しもう！

ふたり組（3人組も可）になり、ひとりがフープを持ちます。もうひとりの頭から通し、足元まで沈めたら、ジャンプしてフープから出ます。順番に繰り返し、水しぶきがかかることも楽しみましょう。

準備物：フープ

フープを沈めて、ジャンプで出る

水深は浅めに
フープを沈めるのに力がいるので、水深は子どものひざくらいがよいでしょう。

＼ジャンプ！／

遊びのツボ｜相手に合わせて調整

相手の動きに合わせてフープを足元まで沈ませることが大切です。タイミングが合わなかったり、引っ掛かったりすることもありますが、水中なので安全です。慣れてくると、しぜんと相手に合わせて高さを調整できるようになります。

いっぱい遊ぼう

独特な感触が気持ち良い
シートにダイブ！

準備物：ビニールシート、台

プール

水面にビニールシートを広げ、台からジャンプで飛び込みます。

ビニールシートの上にダイブする

ビニールシートの大きさに注意
ビニールシートは小さめにしましょう。水中でくるまると、窒息する恐れがあります。また、子どもが下に潜り込むことのないよう、注意が必要です。

遊びのツボ　飛び込む感覚を味わう
幼児用のプールでは飛び込みができないことも多く、できたとしても怖がる子もいますが、ビニールシートがあることで飛び込む場所が明確になるため、思い切って飛び込むことができます。前の子がシートから出たら次の子、というように順番を守るようにしましょう。

アレンジ　引っ張って進む
子どもがビニールシートにしがみつき、保育者が引っ張りながら進んでも楽しめます。

40

7月 4・5歳児

いっぱい遊ぼう

力を合わせてがんばろう
ウキウキ浮き競争

【プール】

準備物
2Lのペットボトル（グループ数）、ビニールテープ、砂
●ペットボトルに砂を3分の1程度入れ、ふたにビニールテープで目印を付ける。

チーム対抗でペットボトルを運ぶ

2チームに分かれ、3人ひとグループ（ふたり組でもよい）になり、プールサイドに並びます。砂入りペットボトルを浮かべ、直接触らずに手で水を波立ててゴールまで移動させます。早くゴールできたほうが勝ち。リレーではなく、ひとグループずつの対戦にします。

遊びのツボ　チームがひとつになる

ペットボトルに直接触れることができないもどかしさの中に、おもしろさがあります。また、チームで行なうことで応援も必死になり、友達の力と水の力の両方を感じられる競争として楽しめます。

4・5歳児 今月のまとめ　水に慣れるきっかけを生み出す

プール遊びでは、ビニールシートやペットボトルなどの「アイテム」を工夫して取り入れることで、さらに水慣れが進むきっかけを生み出すことができます。

子どもの姿から考える 7月のあそび

2・3歳児

- プール 透明宝探し……43
- プール 手作りおもちゃ……44
- プール タライ沈め……45

2・3歳児の7月は…

"しぜんと"をキーワードに…！
夢中になれる遊びの工夫を！

1コマ目（右上）：
プール遊びの時間は！
ヤ〜ッ バシャバシャッ
わ〜!! キャッキャッ

2コマ目（右下）：
せんせい おみずこわーい…
ブクブク だいじょうぶだよ
水がきらいなMちゃんどうしたらいいのかしら
ピチャン ピチャン わ〜

3コマ目（左上）：
しぜんと？
あっ!? 遊びっくりちゃん
Mちゃんがしぜんと遊びたくなるような工夫が必要ね
Mちゃんプール遊びって楽しいよ
ぴょん！ ピチャ

4コマ目（左下）：
しぜんと水がかかったり、しぜんと水面に近づけたり…そんな**遊びの工夫**が大切なの
あ！ そうか〜
遊びに夢中になれば少々水がかかっても平気なものよ
プカプカ

と、いうわけで…しぜんと水に親しめる遊びを紹介するわよ！

7月 2・3歳児

ちょこっと遊ぼう

① 消えた宝を探せ！ 透明宝探し

準備物：厚手のポリ袋（数枚）
プール

① 歩いて渦を作る

宝物（水を入れて口を閉じたポリ袋）をプールの真ん中辺りに沈めます。子どもたちはみんなでプールの縁に沿って歩いて渦を作ります。

② 宝物を探す

保育者の合図で、みんなで宝物を探します。

「スタート！」
「あった！」
「ゲット！」

※ポリ袋に空気を多く入れると、浮かぶので見つけやすくなります。空気を入れないと沈んで見つけにくくなり、難易度がアップします。

遊びのツボ　みるみる顔が水面に近づく

ポリ袋は見つけにくいようで見つけやすく、おはじきのように水中に潜らなくてもつかめるため、この年齢の子どもたちにふさわしいでしょう。しぜんに顔を水面に近づけることもでき、宝探しごっことしても楽しめます。

ちょこっと遊ぼう

手作りおもちゃ

おもちゃを使って水を大好きになろう

プール

共通準備物

水鉄砲（市販のもの、手作りのもの）
手作り水鉄砲
霧吹き、チューブ、小さいペットボトル

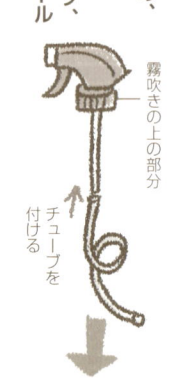

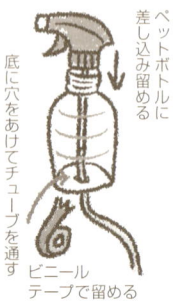

霧吹きの上の部分
↓
チューブを付ける
↓
ペットボトルに差し込み留める
底に穴をあけてチューブを通す
ビニールテープで留める

水を入れたバケツなどにチューブを入れて、半永久水鉄砲に！

パッタン的・がんばる的

的を水鉄砲で撃つ

机の上などに置いた的を水鉄砲で撃って遊びます。

準備物

〈パッタン的〉
CDケース、金折金具、ビニールテープ、粘土

- 起こしやすいようにビニールテープで持ち手を付ける
- 粘土などをおもしにする
- イラストなどを裏にはる
- 金折金具をビニールテープで留める

〈がんばる的〉
ガチャポンケース、カード立て、粘土、カード

- ラミネート加工したイラストなど
- カード立て
- 粘土を入れる
- ガチャポンケース

えい！たおれろー

ザ・決闘

水をかけ合う

両サイドに分かれ、水鉄砲で穴から相手をねらいます。

準備物

物干しスタンド、透明テーブルクロス、ひも

- ひもで固定する
- 穴をあけて油性フェルトペンで囲む
- 透明テーブルクロス
- 物干しスタンド

けっとうだ！

遊びのツボ

おもちゃが水への興味・関心のきっかけに

水の力でおもちゃが動いたり倒れたり、ということが水と仲よくなるためのきっかけとなります。
手作りおもちゃだと、既製のものでは味わえない意外な楽しみ方が生まれるでしょう。

7月 2・3歳児

いっぱい遊ぼう

みんなでがんばれ タライ沈め

準備物：タライ

プール

タライを水面に浮かべ、保育者のスタートの合図で、みんなで手を使って水を入れます。タライが沈んだら終了。繰り返して遊びます。

タライに水を入れる

「スタート！」

個別の配慮をする
水しぶきがかかるのがいやな子には、「遠くからでもいいよ」「後ろ向きでもいいよ」といった個別の配慮をしましょう。

「しずんだー！」

いれるぞー

遊びのツボ　夢中になれば、水にも慣れる

水を入れるのに夢中になることで、顔や体に水しぶきがかかることに徐々に慣れていきます。初めはタライの近くから水を入れるようにして、徐々にタライまでの距離を離していくと、水しぶきのかかり方が大きくなっていきます。

2・3歳児 今月のまとめ　「しぜんと…」という設定に

しぜんと水がかかる、しぜんと水面に近づく、しぜんと遊びたくなる、というように、「しぜんと…」という設定が大切です。4・5歳児向けの遊びでも、「しぜんと…」をポイントにしてアレンジすると、2・3歳児でも楽しむことができます。

先輩からの深イイ！あそびなるほどアドバイス

遊子と智基の

7月 プールで自由遊びを
プール遊びって水遊びなの？
―― プール遊びの意義とは… ――

プールだと怖がる子が…

子どもって、泥んこ遊びや水たまりで遊ぶの、大好きじゃないですか。でも、プール遊びになると怖がる子がいますよね。

そうだね

そうなんだ。泥んこ遊びや水遊びとプールに入って遊ぶのは、ぜんぜん違う感じなんだろうね。だからプールに入るときは、それなりに配慮する必要があると思うよ。ほら、今月はいろいろな物を使って、あれこれと"水慣れ"の活動が紹介されているだろう。

わたしたちが考えておくことは？

なるほど。活動のしかたについてはわかるんですけど、私たちが考えておかなければいけないことって、ほかにはないんですか？

自由に遊ぶ時間を

もちろんあるさ。例えば20分間プールに入るとするだろう。そのとき**子どもまかせに自由に遊ぶ時間を、どんなに短くても5分〜10分くらいは設ける**ことなんだ。

なぜ？

へ〜
どうしてですか？

46

水と向き合うことが大切

それはね、例えば、ワニさん歩きで両足が浮いている感覚を味わったり、自分でどのくらい長く潜っていられるかチャレンジしたり。
自由に遊ぶことでその子なりに水との向き合い方を試している、それが大事なことなんだよ。

ずっと自由遊びで！

じゃ〜、ずっと自由に遊んでいたらいいんじゃないですか？

そうではなくて…

そうじゃないよ。プールの中で『ふれあいゲーム』をすることも保育として必要なことだよ。陸地とは違った関係性や楽しさが味わえるし、水に慣れ親しむことにもなるんだ。39ページの『フープをジャンプ』や41ページの『ウキウキ浮き競争』を見てごらん。

プール遊びって意義深いんですね

はんと、そうですね。
浅いプールの中の遊びでも、いろいろと意義深いんですね。

47

子どもの姿から考える 8月のあそび

異年齢

- カミナリドン！ドン！で集まりっこ……49
- トンネルをとおりゃんせ……50
- にこにこトラック……51
- にこにこ引っ張り競争……52
- 3色ジャンケン列車……53
- 対面ジャンケンダッシュ（4・5歳児）……54
- ふたりになってパワーアップ（2・3歳児）……55

異年齢の8月は…
遊びを通して異年齢同士の関係性を広げよう！

1 園生活も5か月めに入って**クラスのみんな**が**偏りなく遊べている**

2 さらに、時々異年齢同士のかかわりも見られたり…

3 ああいう異年齢同士のかかわり合いがもっとできるようになるといいね！

4 だから今月はコレ!! — 異年齢の子ども同士の関係性が広がる遊び

と、いうわけで…今月は異年齢で楽しめる遊びを紹介！
4・5歳児、2・3歳児の遊びもあるよー！

8月 異年齢

ちょこっと遊ぼう

遊びながらグルーピング カミナリドン！ドン！で集まりっこ

① 振り付けをしながら歌う

1. いっぽんづののカミナリ
   指を1本立てて頭の上に。

2. ドン！ 
   手拍子を1回する。

3. ちっちゃなかみなり おっことす 
   上からあちこちに落とすふりをする。

4. ピカッ！ 
   頭の上で両手をグーからパーに。

5. ゴロッ！ 
   かいぐりする。

6. バリッ！ 
   手をすばやく動かす。

7. ドカン！ 
   ジャンプをする。

② 集まっておへそを隠す

歌い終わったら保育者が「〇〇人」と言い、子どもたちは、その人数で集まってみんなでおへそを隠します（保育者は探すふりをして、ある程度の時間でカウントダウンした後、歌から繰り返す）。

異年齢のグループを作りたい場合は、「〇〇組は2人、△△組は2人、□□組は2人」と条件を付けてもいいでしょう。

8人！

遊びのツボ

違いに気づく

初めは同じ年齢同士で集まることが多いですが、すぐに異年齢で混ざり合う必要はありません。こういった遊びを繰り返すことがきっかけとなり、「年齢やクラスが同じ」「違う」といった価値観の変化や気づきが生まれるように保育者は導き、見守りましょう。

『カミナリドン！ドン！』　作詞／福尾野歩　作曲／才谷梅太郎

いっぽんつののカミナリドン！　ちっちゃなかみーなりおっことす

（みんな）ピカッ！（みんな）ゴロッ！（みんな）バリッ！（みんな）ドカン！

49　『あそびうた大全集』福尾野歩／作・監修　山口マサル／イラスト　クレヨンハウス／刊
「カミナリ　ドン！　ドン！」16-17ページ掲載（振り付けは16ページに掲載）

©1990 by CRAYONHOUSE CULTURE INSTITUTE

ちょこっと遊ぼう

トンネルをとおりゃんせ 🎵
うた ふれあい

ちょっとドキドキ、でも簡単に遊べる

1 トンネルをくぐる

異年齢6〜8人でひとつのグループになります。グループ内のふたりが手をつなぎ、トンネルを作ります。ほかの子どもたちは、『とおりゃんせ』を歌いながら、連なってグルグル回ります。

♪とおりゃんせ〜

2 「じゃ」で捕まえる

「♪〜ほそみち"じゃ"」でトンネルのふたりが手を下ろし、通っている子を捕まえます（捕まえられなくてもOK）。トンネルになる子を交替し、繰り返します。

♪とおりゃんせー♪

\\じゃ//

遊びのツボ　初めは一斉に　初めはみんなで歌って一斉にスタート、ストップしたほうがわかりやすいでしょう。また、グループに年齢の偏りがあったとしても、周りのようすを見ながら理解していきますので、繰り返し行ないましょう。

にこにこトラック

いろいろなトラックがあって楽しい

ちょこっと遊ぼう

8月 異年齢

準備物
- マット（チーム数）
●マットを離して置く。

ふれあい
ひっこし

1 ふたり組で反対側のマットに行く

異年齢でだいたい半分に分かれて、それぞれのマットに待機します。片方のチームはふたり組になり、反対側のマットまで行って、ウマになります。

2 ウマでひとりを運ぶ

ひとりを乗せたら、反対側のマットまで運んで降ろします。再び歩いてマットに行き、ほかの子をひとりずつ乗せて運びます。

3 反対側のふたりが運ぶ

全員運び終えたら、またそれぞれのチームに戻り、次は反対側のチームのふたり組がウマになって、同様に子どもたちを運びます。

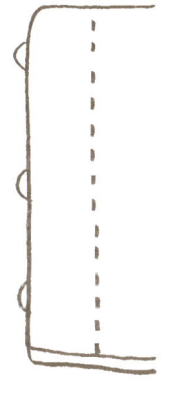

遊びのツボ

助け合う姿が見られる

中途半端な人数でペアになれなかったり、年齢の低い子が困る場面があったりしますが、繰り返すうちに、助け合う姿が見られるようになるでしょう。

いっぱい遊ぼう

にこにこ引っ張り競争

年齢に関係なくチームのつながりが楽しめる

準備物　マット4枚

ふれあい／ひっこし

① グループに分かれる

7人1グループになります。グループの中から運ぶ役をふたり決め、ほかの5人はマットであおむけになります。

② 足を引っ張って運ぶ

保育者の合図で、ふたりは同じチームの子どもの足を引っ張って、マットまで運びます。2チーム対抗で5人を運び終える速さを競います。

遊びのツボ　ルールを決める

競争となるとみんな気合いが入るので、公平に行なうためにも人数を合わせる必要があります。また、マットで待つ子どもたちは同じ方向に寝る、対戦しないチームは待機するなどのルールを決め、保育者は子どもたちの動きを把握し、衝突などが起こらない状況を整えましょう。

8月 異年齢

いっぱい遊ぼう

3色ジャンケン列車

3人で列車？ トンネル？

① 3人組で相談する

異年齢で3人ひと組になります。だれが列車の先頭になるか、ジャンケンで何を出すかを相談します。

「グーにしよう！」「どうしよう」

4人組があってもいいですが、5人以上になると意見をまとめることが難しくなります。

② 先頭の子がジャンケンする

決まったら列車につながってスタンバイし、先頭の子どもがジャンケンマン（保育者）と勝負します。

「かった～！」「まけた～」

→ 勝ったらそのまま列車で出発

→ あいこは3人で手をつないでトンネルになる

→ 負けたらしゃがんで小さな列車になって出発

列車の子らは自由に動いてトンネルをくぐるなどし、次に何を出すか、だれが先頭になるかを決めてスタンバイし、ある程度の時間でストップし、繰り返します。

遊びのツボ　ジャンケンの結果に対応する姿を見守る

相談にもさまざまな形があり、何を出すかを決めていても、先頭になった子が急に変えるなどして、3人の考えが一致しない場合が多々あります。しかし、ジャンケンの結果にこだわるのではなく、その後どのように3人で対応するのかを見守りましょう。

異年齢児　今月のまとめ　子どもたちの関係性を広げる

今月紹介した遊びは、必ずしも「同じ人数」「異年齢で同じ割合」にならなくてもいいものです。異年齢遊びだからといって、年齢や人数にこだわる必要はありません。ふだん同年齢で活動することが多ければ、しぜんと同年齢で集まり、異年齢で活動することが多ければ、しぜんと混ざり合えるでしょう。経験の違いによって、その子自身のとらえ方が違っていいのです。また、年齢が偏ったり、人数が半端だったりしたほうが、かえってコミュニケーションが生まれる場合があります。異年齢遊びをきっかけに、子どもたちの関係性が広げられるといいでしょう。

ちょこっと遊ぼう

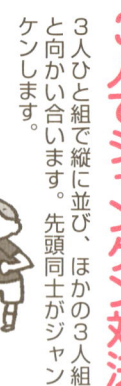

対面ジャンケンダッシュ
負けたら走って戻る

4・5歳児

準備物
- フープ（3人に1個）
- 1.5mほど離してフープを置く

じゃんけん / からだ

3人でジャンケン対決
3人ひと組で縦に並び、ほかの3人組と向かい合います。先頭同士がジャンケンします。

ジャンケン‥‥‥

勝負がついた場合

負けた子が走り出したらフープに入り、ジャンケンする

負けたら対面している列の後ろを通ってから、自分の列の後ろに並ぶ

負 / 勝

そのままで次の子とジャンケン

あいこの場合

ふたりとも列の後ろを通ってから、後ろに並ぶ

遊びのツボ ジャンケンや走るタイミングを伝える

4歳児は、ジャンケンのタイミングやいつ走るのかが理解しにくい場合があるので、保育者がジャンケンや走るタイミングを伝えると、ルールが浸透していきます。また、走る方向は決めなくてもよいですが、子どもが衝突しないように注意しましょう。

4・5歳児 今月のまとめ 仲間づくりにつながる

チームとして勝敗はつきませんが、みんなが精いっぱい力を発揮します。そのひとりひとりのがんばりを互いが見ることで、同じがんばりを経験した者同士がつながり合っていきます。こうした経験が、チーム・仲間づくりへつながるきっかけとなります。

ふたりになってパワーアップ

ふたりだから心強い

2・3歳児 ちょこっと遊ぼう

準備物
- マット3枚、パフリング、カラー標識
- マットを三角形になるように置く。
- 中央にカラー標識を置き、パフリングを掛ける。

① ふたりでパフリングを持って走る

初めはマット@に待機します。ひとりずつⓑとⓒのマットに移動し、「よーい、ドン」でふたりで中央に走り、カラー標識にあるパフリングを持ってマット@にゴールします。

② 人数を増やして繰り返す

慣れたら人数を増やし、それぞれがふたり組になってゴールします（パフリングの数とふたり組の数が合うようにしましょう）。

子どもが奇数の場合、ひと組だけ3人で走れるようにパフリングの数を調整しましょう。パフリングがない場合は、フープで代用します。フープを地面に置き、ふたりで持ってゴールしたり、電車になってゴールしたりできます。

遊びのツボ　パフリングの数を合わせる

「よーい、ドン」と言われると、みんな走りたくなるので、だれが走るのかを明確にすることが大切です。また、ふたり組の数とパフリングの数が違うと混乱するので、数を合わせるなどの配慮をしましょう。

2・3歳児 今月のまとめ 「ふたりでゴール」を明確に

ふたりだからこそ安心できることがあります。しかし、いきなり大人数ですると、混雑したり混乱したりしますので、わかりやすく明確に伝え、だれが何をするのかハッキリとさせることで安心して活動できます。

先輩からの 深イイ!

あそびなるほどアドバイス

遊子と智基の

意義深い 8月 異年齢活動

異年齢は、異年齢であることを意識せず

異年齢の活動って…？

異年齢で活動するときは、「年長児が年少児のめんどうを見てあげる」とか、「優しさや思いやりをはぐくむ」とか言うけど、それってどうなんですか？

ジャンケンはね

おいで〜

こんな場面は見られるけど…

そうだね。確かにそんな場面は見られるけど、年長児に年少児をいたわるように促すのは、保育のねらいとして疑問だね。

ほらほら…

異年齢で活動する意味は？

どうしてですか？
じゃ、異年齢で活動する意味って何なんでしょう？

ねらいはココだよ！

相手に対する自分の思いやふるまい方が、クラスの仲間のときと異年齢の場合とでは、ずいぶん違ってくると思うんだ。そこがねらいだよ。
結果的に譲ってあげることがあっても、いやいやだったり、心から譲ってあげようと感じたり、その子その子によって違うはずだろう。そんな経験をすることが大事なんだ。4歳児が5歳児を思いやることも、実際あるんだよ。

だからなんですね！

ふ〜ん。だから今月の『にこにこトラック』（P.51）や『にこにこ引っ張り競争』（P.52）は、何歳児がこの役をする、とか書いてないんですね。何歳児が引っ張るとか、引っ張られるとか、決めないほうがいいってことですね！

もちろんだよ

もちろんだよ。**同年齢の友達相手とは違った葛藤のしかたをすることがねらいだから、3歳児がこうして、5歳児はこうして、とか決めると台無しになってしまうんだ。**第一、3歳児と5歳児の人数をうまく合わせられないだろうしね。

なるほど〜！

なるほど〜。そうなんですね〜。
異年齢の活動って意義深いですね！

子どもの姿から考える 9月のあそび

4・5歳児

- ふたりで「なかそとほい」……59
- 「あっちむいてほい」で陣取り合戦……60
- ジャンケン タッチ＆ゴー……61

4・5歳児の9月は…
楽しさやがんばりをいっしょに経験！
協力し合って関係性を深めよう！

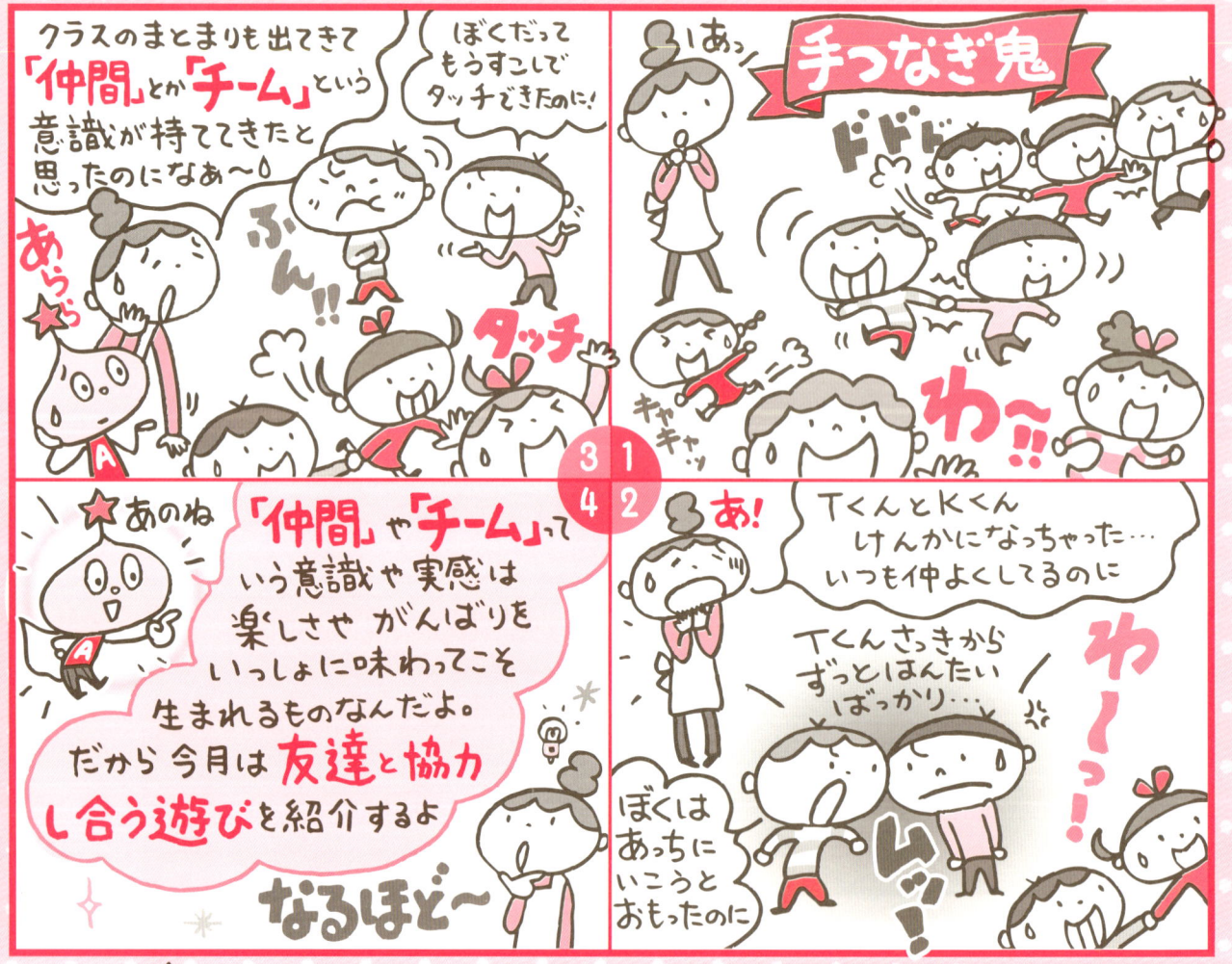

1. 手つなぎ鬼 — ドドド／わ～っ！／キャキャッ

2. Tくんと Kくん けんかになっちゃった… いつも仲よくしてるのに／Tくんさっきからずっとはんたいばっかり…／ぼくはあっちにいこうとおもったのに／ムッ！／わ～っ！

3. クラスのまとまりも出てきて「仲間」とか「チーム」という意識が持ててきたと思ったのになぁ～。／ぼくだってもうすこしでタッチできたのに！／ふん!!／タッチ／あっら

4. あのね「仲間」や「チーム」っていう意識や実感は楽しさやがんばりをいっしょに味わってこそ生まれるものなんだよ。だから今月は友達と協力し合う遊びを紹介するよ／なるほど～

と、いうわけで…
今月は協力し合える遊びを紹介するよ。

58

9月 4・5歳児

ちょこっと遊ぼう

リズムに合わせて、どっちか当てよう

ふたりで「なかそとほい」

♪うた　からだ

1 ふたり組になる

肩幅より少し広めの線を引きます。ふたりひと組になり、「グーかパーを出す役」「当てる役」を決めます。

2 足を動かす

線の中で向かい合い、「♪なかなかほい」「♪そとそとほい」で、足を「グーグーグー」「パーパーパー」♪ジャンプします。

3 「あっちむいてほい」の要領で勝負

「♪なかそと〜」は「なか」でグー、「そと」でパーに足を動かします。最後の「ほい」で、「あっちむいてほい」のように、出す役の子どもがどちらかに足を動かし、勝負します。

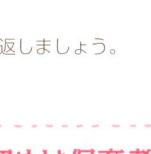

交替して繰り返しましょう。

遊びのツボ　初めは保育者対子どもで

共通理解がないと遊びが成り立ちません。まず、保育者対子どもたちで一斉に行ない、保育者が「なか」「そと」のどちらを出すのかを子どもたちが当てるとよいでしょう。ある程度浸透したら、ふたり組になってみんなで歌って行ない、最終的には、それぞれふたり組でできるように遊びを積み重ねましょう。

『なかなかほい』　わらべうた

なかなか　ほい　そとそと　ほい
なかそと　そとなか　なかなか　ほい

ちょこっと遊ぼう

一進一退の攻防が楽しい「あっちむいてほい」で陣取り合戦

準備物
- フープ（1チーム2個）
- フープを4個並べる。
- ふたり組になる。

1 フープに並ぶ

対戦するチームは、フープに入って向かい合って並びます。

2 「あっちむいてほい」で勝負

先頭の子が「あっちむいてほい」（左右限定）をします。負けたら自分の列の最後に並び、勝ったらふたりともひとつ前のフープに進みます。相手チームの最後のフープに先頭の子が入ったら勝ち。

勝ったらふたりともひとつ前のフープに進む

あっちむいてほい！
かったー！

負けたら後ろへ

やったー!!

相手チームの最後のフープに入ったら勝ち

遊びのツボ　ジャンケン対決でもOK

「あっちむいてほい」のルールが全員に浸透していれば、左右限定ではなく、上下も使って勝負してもいいかもしれません。また、「あっちむいてほい」ではなく、ふつうのジャンケンで遊ぶこともできます。その場合は勝負がつくのが早いので、3人ひと組でフープを8個にするとちょうどよいでしょう。

9月 4・5歳児

ジャンケン タッチ＆ゴー

スピード感がおもしろさをUP

いっぱい遊ぼう

準備物
- フープ5個、カラー標識2個、リングバトン2個、玉入れの玉
- カラー標識を8mほど離して置き、フープを2個ずつ置く。
- 中央のフープに玉入れの玉を入れる。

① 先頭の子どもがスタート

2チームに分かれ、スタートの合図で、先頭の子どもはリングバトンを持って、先頭の子はリングの子はカラー標識を目ざして走ります。次の子は、フープの中で待機します。

② ジャンケン勝負

出会った所でタッチし合ってジャンケン。勝ったら、すぐに自陣に戻り、フープにいる次の子にリングバトンを渡します。負けたらその場で10秒数えてから自陣に戻り、次の子にリングバトンを渡します。

- 負けたら10秒数えてから自陣に戻る
- 勝ったらすぐに自陣に戻る

③ 相手陣地のカラー標識にタッチする

リングバトンを受け取った子は、すぐに相手陣地を目ざしてスタートし、同様にジャンケンして、自陣フープに戻ってリングバトンを渡すことを繰り返します。走って相手陣地にあるカラー標識にタッチできたら、中央の玉をゲットして自陣のフープに入れます。玉がなくなれば終了。

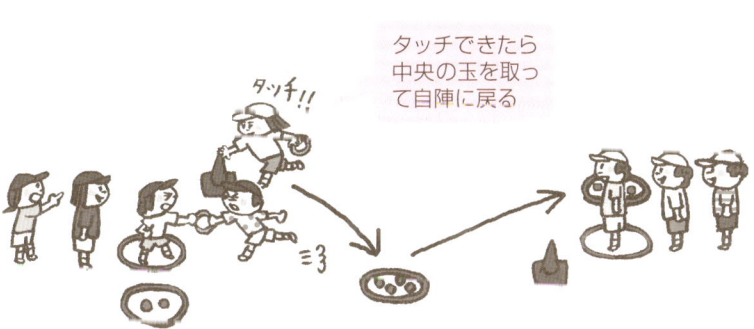

- タッチできたら中央の玉を取って自陣に戻る

遊びのツボ　玉の数で時間を調整できる

初めはルールにとまどう子がいますが、繰り返すうちに理解できます。玉の数で対決回数を調節できるので、時間に合わせて調節しましょう。目安としては、距離が8mの場合、10個で20〜25分、8個で10〜15分です。

4・5歳児 今月のまとめ　協力し合う遊びが関係性を深める

「仲間」や「チーム」という言葉を使っていても、子どもたちがそれを意識・実感しているとは限りません。こういったグループで協力し合う遊びを通して、楽しさやがんばりをいっしょに経験することで関係性が深まります。言葉よりも体験し、感じることが大切です。

9月のあそび 子どもの姿から考える

2・3歳児

- 🎵 ふれあい　みんなで◯っと、ひげじいさん（秋編）……63
- ひっこし　だるまさんがころんで、よーいドン……64
- からだ　ばらして集めて……65

2・3歳児の9月は…
共通のイメージを持って 集団で力発揮できる遊び

① 今月は集団の中で力発揮できる遊びはどうかしら？　まぁステキ

② 指導計画作成中…　う〜ん。明日は何して遊ぼうかしら…？　うさぎさんぴょん！　みんな楽しく遊べるようになってきたし…

③ 集団で繰り返して遊ぶことでみんなが同じイメージを持てるようになって安心して楽しめる　そんな遊びを紹介するわよ！　わ〜い!!

④ こんにちは！考えてるみたいだね　今まで毎日定番の遊びやめりはりのある遊びをしてきたわよね　GO! STOP　あっ遊びっくりちゃん　ピタッ

と、いうわけで… 今月は共通のイメージを持ってみんなで楽しめる遊びだよ。

ちょこっと遊ぼう

円を作ろう！ みんなで◯っと、ひげじいさん（秋編）

♪うた ふれあい

9月 2・3歳児

♪ひげじいさん

はしれ〜

1 みんなで歌遊びをする

みんなで円になり、『とんとんとんとんひげじいさん』（楽譜P.14参照）を歌って遊びます。

2 走ってバラバラになる

最後の歌詞を「♪らんらんらん さようなら」に変え、走り出してバラバラになります。

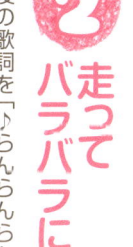

3 再び円になる

「ストップ」の合図で止まったら、『まるくなれ』（わらべうた）の歌をうたいながら、再び円になります。円になったら再び歌遊び→走ってストップ→『まるくなれ』を繰り返します。

遊びのツボ｜円になる流れをイメージして

簡単な手遊びとGO&STOPを繰り返しながら、みんなで「円になる」流れのイメージを持ちます。最初は円になれなくても、繰り返すうちにどんどんスムーズになるでしょう。

『まるくなれ』 わらべうた

まるくなれ わになれ いちにの さん

ちょこっと遊ぼう

友達に走ってタッチ

だるまさんがころんで、よーいドン

準備物　マット

ひっこし

1 マットでスタンバイ

ふたりひと組になり、ひとりはマットの上、もうひとりはマットの外に立ちます。

2 マット外の子がマットから離れる

保育者が「だるまさんがころんだ」と言っている間に、マット外の子はマットから離れていきます。何度か繰り返します。

…ころんだ！

だるまさんがころんだ

3 ペアの子の所まで走る

保育者の「よーいドン」の合図で、マットの子はペアの子の所へ走って行き、タッチします。役割を交替して繰り返します。

タッチ！

※2歳児の場合、ペアがだれかわからなくなることがあるので、全員にタッチすることにしてもいいでしょう。

遊びのツボ　初めは短い距離から

繰り返すうちに、「よーいドン」の合図に反応し、全力で走れるようになります。「だるまさんがころんだ」を言う回数を増やすと必然的に走る距離が延びます。初めは1～2回の短い距離から行ない、徐々に長くしましょう。「だるまさんがころんだ」をあまり経験したことがない場合は、まずは本来の遊び方で楽しむと、先に進む子どもがしっかりと動けます。

9月 2・3歳児

いっぱい遊ぼう

GO&STOPで ばらして集めて

準備物
- 園児用イス（1グループ6脚）、玉入れの玉
- イス6脚を図のように背中合わせに並べて、その上に玉入れの玉を20個置く。
- 5人で1グループになる。

からだ

① イスから玉を落とす

保育者は「5、4、3、2、1…」とカウントし、その間に子どもたちはイスから玉を落とします。

② イスの周りを回る

「0」で音楽（CDでもピアノでも可。軽快な音楽）がスタート。子どもたちはイスの周りをグルグル走ります。

③ 玉を拾って乗せる

保育者が「ストップ」と言って、再び「5、4…」とカウントする間に子どもたちは玉を拾ってイスに乗せます。「0」で音楽スタート。子どもたちはイスの周りを走る…と繰り返します。

遊びのツボ　ひと区切りして、気持ちを切り替える

玉の散らばり方によっては、ほかのグループの玉と混ざり合うなどして、拾いたい玉が拾えなかったり、20個にならなかったりします。しかし、カウントやGO&STOPでひと区切りつけることで、気持ちが切り替わり、次への意欲につながります。

2・3歳児 今月のまとめ　繰り返しが安心感につながる

かんたんでわかりやすい歌や手遊びとGO&STOP、カウントダウンなどの動きを繰り返すことで、みんながルールを理解し、同じイメージが持てるようになります。知らない・わからないことも、繰り返すことで理解でき、安心感へとつながっていきます。

先輩からの深イイ！あそびなるほどアドバイス

遊子と智基の　運動会の9月　ねらいと方法

協力とか協調性とかいうけれど…

> 9月になると多くの園では、運動会に向けた取り組みが始まるけど、運動会はその園によって特徴がぜんぜん違うからおもしろいよ。

（運動会は園でぜんぜん違うね）

（ねらいは同じなのにどうして？）

> そうですね。でも運動会のねらいは、競争したり協力したりして"協調性を養う"っていうことだと思うんですけど、どうしてそんなにいろいろ違うんでしょう？

> ねらいはだいたい同じだけど方法が違うんだ。例えば一生懸命走ることにねらいを置いたとしても、**広い園庭をただ走るのと、今月紹介した61ページの『ジャンケン タッチ&ゴー』とでは、体験や学びの質が変わってくる**んだよ。『ジャンケン タッチ&ゴー』は、**単純に速い遅いだけでなく、友達とふれあうことができる**だろう。すると、**競争しながら、協調している**といえると思うんだ。そして、結果的に一生懸命走っていることになる、ってわけさ。

（ねらいは同じでも方法が違うんだ）

演技の練習って…

なるほど、本当ですね。あ、それと運動会で行なう演技ってありますよね。あの練習ってどのようにすればいいんですか？

子どもに力がつかないよ

そうだね。例えば演技の中で円になるとき、水線や白線で円を描いてその上を子どもたちに歩かせることがあると思うけど、あれはよくないと思うね。子どもに力がつかないじゃない。

じゃあどうすれば？

じゃあ、どうすればいいんでしょう？

本当の協調性ってそれだよ

ま〜るくなぁれ♪

63ページの『みんなで○っと、ひげじいさん（秋編）』のような活動を繰り返すと、自分たちで円になることができるんだ。それが本当の協調性だと思うんだけどね。そして、振り付けは、先生たちが演じたものを録画して、子どもたちにしっかり見せると、2〜3日で覚えてしまうよ。

子どもの力ってすごい！

子どもって本当は力があるんですね。それを知らずにいるだけかもしれませんね…！

子どもの姿から考える 10月のあそび

4・5歳児

- ボール／ひっこし　パスパスキャッチ……69
- ボール　ドーナツ中当て……70
- ふれあい／おに　ザ・ガードマン……71

4・5歳児の10月は…
しぜんと気持ちが近づく
役割のある集団遊びを楽しもう

1　「最近の遊びはどんな感じ？」

2　「みんなで いっしょに がんばってるし 関係も深まってきたかしら?」ジャーンケンポン!!　「いいことだね! Good!」

3　「じゃあ今月はそれぞれに役割をつくって遊んでみよう!!」ジャン!　「どうして役割をつくるの?」

4　「それはね、それぞれの役割の中で仲間のがんばる姿を見ることが**仲間意識**をはぐくむ**キッカケ**につながるからだよ」「なるほど! やってみよう」「よしっ!!」

と、いうわけで…
今月はそれぞれに「役割」を設けた遊びを紹介するよ!

パスパスキャッチ

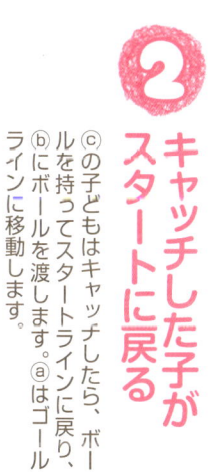

ちょこっと遊ぼう

たくさんボールに触れ、投げる・受けるに慣れる

ボール / ひっこし

準備物
- ボール（3人に1個）
- スタートラインとゴールライン（距離は初めは5m程度）を設定する。

① ボールを投げる

ひとりとふたりに分かれ、スタートラインの⒜の子どもが⒞の子どもにボールを投げます（もしくは転がす）。

「いくよー」「こっちだよー」

② キャッチした子がスタートに戻る

⒞の子どもはキャッチしたら、ボールを持ってスタートラインに戻り、⒝にボールを渡します。⒜はゴールラインに移動します。

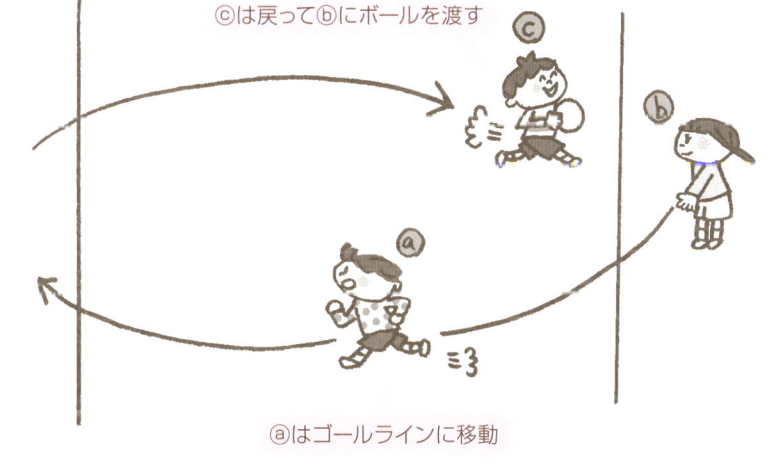

- ⒞は戻って⒝にボールを渡す
- ⒜はゴールラインに移動

③ 投げる、キャッチを繰り返す

次は⒝の子どもが投げ、⒜がキャッチ、と繰り返します。

※初めはボールを投げることが苦手な子どももいますが、数日続けていくとコツをつかみ、投げ方も変わってきます。

遊びのツボ　気持ちを切り替える

ボールを投げる、受けるといった動きは、たくさん経験すると慣れていきます。しかし、ただ繰り返すだけだと飽きてしまうので、役割をローテーションしたり、移動したりすることで、気持ちを切り替えられるようになります。

10月 4・5歳児

いっぱい遊ぼう

ドーナツ中当て

ボールがたくさん動いて、緊張感UP

準備物
- ボール
- 二重円を描き、内野と外野に分け、アウトゾーンも作る。
- 5人1チームになる。

① 内野と外野に分かれる

チームごとに内野と外野に分かれます。外野のひとりは、中心の円の中に入ります。

② 中当てをする

保育者の合図で、外野の子どもたちは内野の子どもたちにボールを当てます。バウンドしたボールでもキャッチできなければアウトです。当たった子はアウトゾーンで待機。3分程度で交替し、何人当てるかを競います。

※全員アウトゾーンに入ったら、その時点で終了。
※内野の子どもがキャッチしたら、外野にボールを渡します。

※初めてのボールゲームの場合、うまく投げることが難しいかもしれません。その際は、転がしてもOK。どんなボールでも触れたらアウトというルールにしましょう。

遊びのツボ　短時間に集中して遊べる

投げた（転がした）ボールが途中で止まるかもしれませんが、中心の円にもひとりいることで、そこからまたボールが動きます。ボールがたくさん動くことで遊びの楽しさが続き、また、短時間で競うことから集中力が生まれます。

10月 4・5歳児

いっぱい遊ぼう

ザ・ガードマン
安全な場所がめりはりを生む

準備物 フープ

ふれあい　おに

---

① 役割に分かれる

逃げる役、鬼、ガードマン1、ガードマン2の4グループに分かれます。フープをランダムに置き、ガードマン1と2の子どもはペアになり、フープの所で手をつないで輪を作ります。
※逃げられる範囲を決め、線を描いておく。

② 鬼から逃げる

逃げる役の子どもは、鬼にタッチされないように逃げます。ある程度の時間で役割を交替し、繰り返します。

ルール
・ガードマンの輪の中に入ると、タッチされない。
・鬼にタッチされたらその場で座るが、まだ逃げている子にタッチしてもらうと再び動ける。

遊びのツボ　周りを見ながら遊べる

鬼遊びはスリルが楽しいですが、集中し続けていると疲れます。そこで、安全な場所（ガードマン）を設けることにより、逃げる子どもはひと息つき、鬼は周りを見ることができます。ガードマンも周りを見ることでルールを理解し、遊びを工夫しようというきっかけにもなります。

4・5歳児 今月のまとめ　仲間と気持ちが近づく

同じ目標に向かって仲間と遊ぶうちに、しぜんと気持ちが近づいていきます。また、役割があると、自分ひとりのがんばりだけではなく、仲間のがんばりも必要になります。そして、仲間を意識します。時には納得のいかない結果があるかもしれませんが、それも仲間と味わうと、受け取り方も変わっていきます。

子どもの姿から考える 10月のあそび

2・3歳児

- いっぱいジャンケン……73
- ふたりで運ぼう……74
- ツナガリズム……75

2・3歳児の10月は…
気持ちを切り替える
小グループ遊びを楽しもう

1. みんな楽しく遊べてる。 うんうん♪ わ〜い！

2. え?!　どうしたの?!　さっきまであんなに楽しそうだったのに…　ぼくの〜　わたしがいれるのー！　バタバタ　なんで!?

3. ピョコ！　思いどおりにならなくてぶつかっちゃったのかしら？ でも そんなときは **トラブル**から**自分たちで立ち直るキッカケ**づくりのチャンス！　遊びづくりちゃん　そうなの？　しくしく…　キ〜ッ

4. 短時間で楽しさを何度も繰り返し経験して気持ちを切り替えることができる場面を用意してあげるの　そうか！

と、いうわけで…今月はトラブルから立ち直るキッカケづくりの遊びを紹介するよ！

ちょこっと遊ぼう

10月 2・3歳児

いっぱいジャンケン

楽しみながら、ジャンケンが理解できる

準備物：イス、フープ（グループ数）

ジャンケンポン

① ジャンケンマンと対決

イスとフープを図のように並べます。3人程度で1チームになり、フープに入る子、イスに座る子、イスの後ろで待つ子に分かれたら、フープの子どもたちとジャンケンマン（保育者）がジャンケンします。

② ポーズを見せる

保育者が「はいポーズ」と言うと、フープの子どもたちは後ろを向いて、勝った子は「ガッツポーズ」、負けた子は「泣きポーズ」、あいこの子は「もう1回ポーズ」をします。

③ 交替して繰り返す

ポーズが終わったら、勝った子と負けた子は、イスの子どもにタッチしていちばん後ろに並び、イスの後ろの子はイスに座り、あいこの子は、フープに残ってもう1回ジャンケンします。

遊びのツボ　順番にジャンケン

フープに入った子がジャンケン、という設定により、保育者は無理なく子どもひとりひとりのジャンケンの理解度を把握できます。子どもたちは繰り返しジャンケンが経験できるので、必死になって楽しめます。

ちょこっと遊ぼう

ふたりで運ぼう
考えながら、入れて運んで

準備物
持ち手付きのポリ袋（縦36cm×幅15cm、玉が10個程度入るもの）、玉入れの玉（紅白2色：ひと組20～30個程度で、人数に応じて調整）、紅玉・白玉を入れる箱1個ずつ

ふれあい

① ふたりで玉を拾う
玉入れの玉を床に置き、離れた所に箱を置きます。ふたりひと組で1枚のポリ袋を持ち、玉を拾っていっしょに袋に入れます（数はふたりで考えながら）。

② 箱に分けて入れる
箱まで運び、色別に分けて入れます。2～3回往復して玉をすべて箱に入れます。

※玉をすべて入れ終わったら、ペアを変えて繰り返します。

遊びのツボ　ペアを変えると、気持ちも切り替えられる
相手によっては、思うように入れたり運んだりできないこともあると思いますが、ペアを変えることで気持ちが切り替えられ、次への意欲に変わります。

しろはこっち

もっとはいる？

ツナガリズム

同じリズムをたたいて

いっぱい遊ぼう

10月 2・3歳児

準備物
- イス(人数分)、タンバリン(保育者用と、子どもふたりに1個)
- ふたり組になり、イスをペアで並べる。全体では保育者を中心に半円に並べる。

ふれあい

① 保育者と同じリズムをたたく

ふたりでイスに座り、ひとりがタンバリンを持ちます。保育者がタンバリンで「トントントン」と言ったら、タンバリンを持った子が同じリズムをたたきます。

② 交替して同じようにたたく

保育者が「じゃあ交替」と言ったらペアの子にタンバリンを渡し、もらった子も保育者の見本のリズムの後にたたきます。保育者は違うリズムをたたくなどして繰り返します。
※慣れてきたら、「じゃあ交替」と言わずに続けましょう。

遊びのツボ 初めは手をたたいて練習

保育者の後に続けて子どもがたたく、という流れが言葉では伝わりにくいので、初めは保育者が手をたたいたら、子どもたちがいっしょに手をたたいて遊び、それからタンバリンを渡すといいでしょう。 ※3歳児では、3人でもできます。

2・3歳児 今月のまとめ 気持ちを切り替えて立ち直る

子どもひとりひとりに考えがあり、思いどおりにならない場面が増えるかもしれません。しかし、短時間の遊びを繰り返すことで、集中力を切らさず、気持ちを切り替えることもできます。こうした遊びを続ければ、トラブルや失敗の後でも、自分で立ち直るきっかけをつかめるようになります。

先輩からの深イイ！あそびなるほどアドバイス

遊子と智基の

5年目 遊びのことをもっと知りたい！！ゆうこ
10年目 遊びのスペシャリスト ともき

楽しい10月 役割のある遊び

「役割」って、この時期の活動を楽しくする要素？

たくましく見えますよね

秋の運動会が終わるとグ〜ンと子どもたちがたくましく見えますよね。

少し違うね

そうだね。運動会で達成感や成就感を味わったから、たくましく育ったって言うけれど、そこは少し違うと思っているんだ。

どういうこと？

どういうことですか？

子どもたちもがんばるんだけど…

運動会の練習が佳境になると、先生たちの気合いが変わってくる。子どもたちもそれを感じて、みんないっしょにがんばる。これってすごいことだけど、がんばってることは育ちじゃないと思うよ。あまり楽しくない練習をして運動会が終わって解放されたとき、そのあまり楽しくないことが"育ち"となって、言動や表情にも現れるって感じがするんだ。

どうして「役割」なの？

では、どうして今月は「役割のある遊び」を紹介しているんでしょう？

76

役割は楽しさのヒケツ！

運動会でも、子どもたちはそれぞれの役割を持っているよね？　けれどそれは固定された役割になりがちだと思うんだ。だからあまり楽しくない。
けれど、例えば『ドーナツ中当て』（P.70）のように "攻める" "守る" といった役割のある遊びは、その役割が自主的だし、流動的でもある。だから楽しくてずっと続けることができるんだ。

これまでとの違いは？

なるほど！　これまでの「中当て」と、どこが違うんですか？

ドーナツ型にアレンジしたりアウトゾーン（待機場所）を設けたりすることで、飛んで行ったボールを取りに行く時間が短くて済むし、ルールもすっきりしてわかりやすいから楽しさが持続するんだよ。

ルールがわかりやすいと楽しさが持続するよ！

なるほど！

『ザ・ガードマン』（P.71）もそんな感じですね！

ルールや役割を理解して守ることが、よいことのようなイメージがあるけれど、そうじゃないんだ。『ザ・ガードマン』（P.71）のように、仲間を守ったり仲間に守られたりする役割があるから、仲間意識がはぐくまれる。そこに意味があるんだよ。こんな遊びは、運動会を経験した後に行なうと、ずっと効果的だと思うね！

効果的だよ！

子どもの姿から考える 11月のあそび

4・5歳児

- ぐるっとジャンケン……79
- ふたりで宝集め……80
- しっぽ宝取り……81

4・5歳児の11月は…
夢中で遊ぶ中でもちょっと立ち止まって！
周りの仲間を見られる遊び

1. 今月もみんなでできる遊びをしたいわ！

じゃあこの **3つ** なんてどう？
- ぐるっとジャンケン
- ふたりで宝集め
- しっぽ宝取り

2. 途中、フープで待ったり、枠の外に出ていたり、と動き回っていない時間があるのね…？

ちゃんと見てるね！

ふむふむ

3. どれも夢中になれる遊びだけど、途中で周りの仲間を見ることができる状況をつくってるのさ！

そうなのね どうして？

4. 遊びの中で、気づきの機会を増やしたり、仲間を応援したくなる気持ちを引き出したりできる環境を整えるためなんだ！

だから何度も繰り返してね

イェーイ！

わかったわ そこにも目を向けてみるわ！

と、いうわけで… 今月は仲間の姿を見る機会をつくって、気づきや応援したくなる気持ちを引き出す遊びだよ！

ぐるっとジャンケン

ちょこっと遊ぼう

自分のがんばりとチームの結果がわかりやすい

11月 4・5歳児

準備物：フープ、玉入れの玉

① 円を描いて進む順番を決める

円と十字の線を描き、4つのスペースに区切ります。進む順番を決め、4つ目のスペースには、玉の入った箱を置いておきます。円の外には、各チームのフープ（色を変える）を置きます。

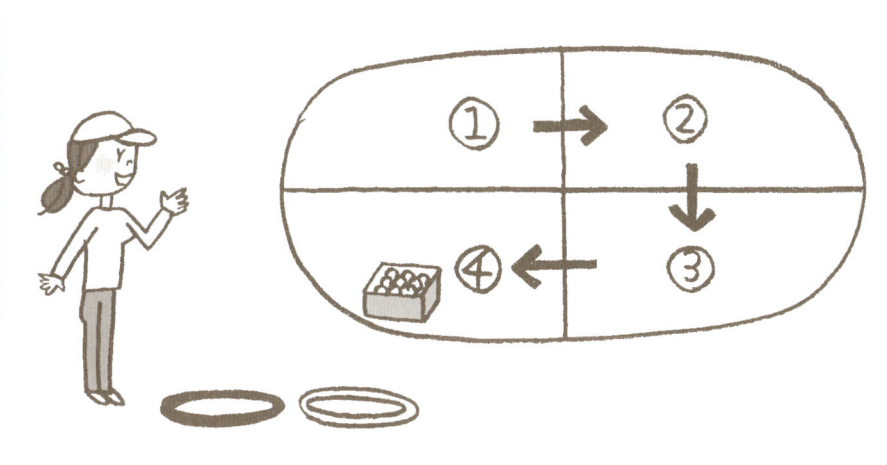

② ジャンケンして進む

2チームに分かれて帽子などで色分けし、全員ひとつ目のスペースに入ります。チームに関係なく、相手を見つけてジャンケンし、勝ったら次のスペースに進みます。負けたらその場所に留まり、またジャンケン。4つ目のスペースで勝ったら、箱から玉を1個取ってチームのフープに入れ、またひとつ目のスペースから出発。最終的にどちらのチームの玉が多いかを競い合います。

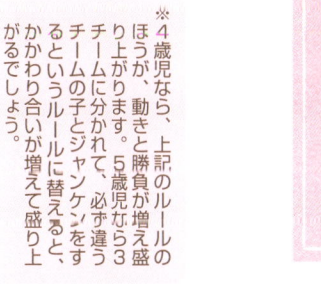

※4歳児なら、上記のルールのほうが、動きと勝負が増え盛り上がります。5歳児なら3チームに分かれて、必ず違うチームの子とジャンケンをするというルールに替えると、かかわり合いが増えて盛り上がるでしょう。

ジャンケンポン
勝ったら次のスペースへ
負けたらその場所に留まり、ほかのだれかとジャンケン
勝ったら玉を1個ゲット

遊びのツボ

チームや仲間を感じ合う

簡単なルールなので、すぐに楽しむことができます。初めはチーム対抗という意識はありませんが、1回行なった後、最後に玉の数をかぞえるときに、チーム戦ということが感じられます。そのため、2回目からチームや仲間を感じ合うようになります。

ちょこっと遊ぼう

ふたりで宝集め

同じ目標に向かうことで絆（きずな）が深くなる

準備物
フープ（ふたりに1個・銀行用2個）、玉入れの玉、予備を入れる箱

じゃんけん
ふれあい

ふたり組になってフープに入り、玉入れの玉を持ちます（7～10組ならひと組3個、12～15組ならひと組5個）。ひとりが玉を1個持って出発、もうひとりはフープで待機します。出発した子ども同士でジャンケン。負けたら相手に玉をひとつ渡します。玉がなくなった子はフープへ戻って交替。2回連続で勝って玉が3個になった場合もフープへ戻り、交替します。ある程度の時間で終了し、玉が多いペアの勝ち。

ルール
・交替したら玉を1個持って出発する。
・フープの中の玉がなくなったら、銀行（保育者）に行ってフープに入り、ふたりそろって「たまください」とウサギになってジャンプ。玉を3個もらい復活。

ジャンケンして玉を集める

ジャンケン…

負けたらひとつ渡す

はい

3こになったよ

わーい

なくなったら
フープに戻って交替

銀行
たまください

\まけた～/

遊びのツボ
ふたりで結果を受け止める
1対1の個人戦でもできる遊びですが、玉を相手に託してフープで待つことで、しぜんと応援し、ふたりの気持ちが近づいて、どんな結果も受け止められるようになります。1回戦を3～5分程度で行ない、3回戦くらいすると結果が違って楽しめるでしょう。

いっぱい遊ぼう

単純だからこそ白熱する
しっぽ宝取り

準備物：しっぽ（縄やタオルなど、人数分）、マット

11月 4・5歳児

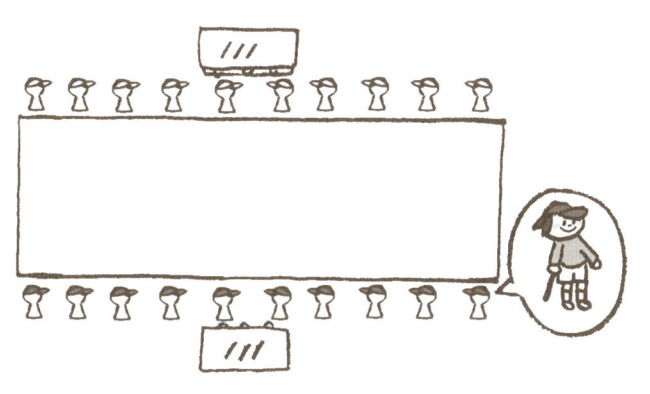

枠は、10人対10人程度なら13×8m程度、6人以下なら10×5m程度に。

① 逃げる範囲を決める

逃げる範囲を線で描き、マットを図のように設定して、予備のしっぽを3本置きます。1チーム10人程度になり（30人なら3チームに分けてローテーション）、全員しっぽを付けてネズミになります。

② しっぽを取り合う

チーム対抗でしっぽを取り合い、最終的にしっぽの数（ネズミになっている子とマットにあるしっぽの合計数）が多いチームが勝ち。
※どちらかのチームのしっぽがなくなった場合は、その時点で負け。

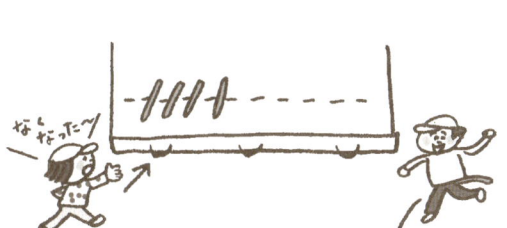

ルール

・取ったしっぽは自陣のマットに持ち帰る。
・取られたら、自陣のマットにあるしっぽを取り、復活できる。自陣のマットにしっぽがない場合は、マットで待機。
・線内に一度入ったら、相手チームのしっぽを取ったときか、自分のしっぽがなくなったときのみ枠から出ることができる。

遊びのツボ
しぜんに仲間と助け合える

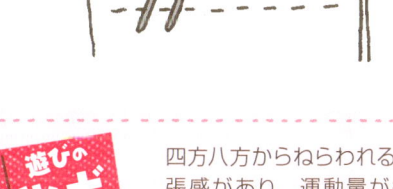

四方八方からねらわれるので、想像以上に緊張感があり、運動量が多くなるのがこの遊びの魅力です。マットから再び参戦する際には周りの状況や自分の体力を考えて行なう姿が見られ、声を出して仲間に危機を知らせるなど、しぜんと助け合うことができます。

4・5歳児 今月のまとめ
仲間と声をかけ合う

周りが見える状況を設定することで、夢中になりながらも気づきが増えたり、仲間を応援したりする気持ちが引き出せます。ルールは単純なほうがいいですが、少々複雑なルールになっても、チームや仲間がいることで、声をかけ合うことができます。

子どもの姿から考える 11月のあそび

2・3歳児

- ふれあい／ボール だるまさんは…どこだ？……83
- おに ダンゴムシ……84
- ふれあい みんな入れるかな？……85

2・3歳児の11月は…
みんないっしょだから安心！
ドキドキを楽しみながら遊ぼう

① みんなでいっしょにドキドキを楽しめる遊びなんてぴったりじゃないかしら？

② トラブルも少なくなったし、みんなどんどん仲よくなってる！そう思わない？
ほんとね

③ こんなときぴったりのいい遊びって何かあるかしら？
まかせて!!

④ ちょっとしたドキドキも「みんなといっしょ」だから安心して取り組むことができるの。さあ、やってみましょう！
なるほどぴったりね!!

と、いうわけで…
今月はみんなといっしょに安心して取り組める遊びを紹介するよ！

11月 2・3歳児

ちょこっと遊ぼう

ボールを渡して・投げて

だるまさんは…どこだ？

準備物 ボール（グループに1個）

ふれあい／ボール

① ボールを回す

5〜7人のグループになり、円になって座ります。「だるまさんが ころんだ」と言っている間に隣の子にボールを渡していきます。

② ボールを投げる

最後の「だ」のときにボールを持っている子が床に向かってボールを投げ、ボールをキャッチした子どもから、また「だーるまさんが…」で回し始めます。
※かけ声もボールを渡すスピードもゆっくりでOK。速さや長さを変える必要はありません。

遊びのツボ　人数を調整して

みんながボールに触れ、投げる、キャッチするチャンスがあることがポイントです。人数が多いとボールを取りたいという意識になってしまいますし、逆に少ないとやりにくくなります。程よくボールが回るよう人数を調整しましょう。

ちょこっと遊ぼう

ちょうどいいドキドキ ダンゴムシ
おに

ダンゴムシになって逃げる

スタートの合図で子どもはダンゴムシ（四つばい）になって逃げます。保育者は捕まえようとして追いかけ、ダンゴムシの子は捕まりそうになったら、丸くなって止まります（保育者は本気で捕まえない）。

※ある程度遊んだら、捕まえる役とダンゴムシ役を交替して遊んでもいいでしょう。

「丸くなったらセーフだよ！」
「わかった！」
「待て〜！！」
「キャー！！」

遊びのツボ　捕まえずに楽しむ

絶対に捕まえないことがポイントです。だからといって、追いかけないとおもしろみに欠けます。子どもたちは、捕まらないとわかっていても、保育者の一生懸命な姿を見て、助かることで楽しさを感じ、チャレンジを続ける意欲につながっていきます。

ダンゴムシ！

みんな入れるかな？

室内でも園庭でも！ イス取りゲームふう遊び

いっぱい遊ぼう

11月 2・3歳児

準備物：フープ数個

ふれあい

① 円の周りを走る

円を描き、子どもたちは、その周りを同一方向に走ります。保育者はその間に円の中にフープを置きます。

② フープに入る

保育者は「ストップ！よーいドン」と言ってからカウントダウンを始め、子どもたちはフープの中に入ります。

※室内ではピアノ、園庭ではCDなどのBGMを使うと、STOP、GOがわかりやすくなります。

遊びのツボ　カウントすることで助け合うようになる

イス取りゲームのように勝敗がつく遊びではありませんが、カウントされることで子どもたちは必死になり、助け合おうとします。フープになかなか入れない子がいたら、保育者は「どうする？」と本人や周りに投げかけてみましょう。わざと入らない子がいても、カウントの「0」でひと区切りし、また「GO」の合図で周りを走り始めます。全員が入れたときに「入れたね」と大げさに認めると、子どもたちは次もフープに入ろうという気持ちになります。

「どうする？」　「はいれたー」

2・3歳児 今月のまとめ　自分らしさを出そうとする

必要最低限のルールの中で、みんなといっしょだからこそ安心して参加できます。そして、みんなといっしょに活動しながら自分らしさを出そうとするので、ようすや進行ぐあいを観察して、配慮を行なうことが必要になります。

先輩からの深イイ！あそびなるほどアドバイス

遊子と智基の のびのび遊び？ 11月 ルール遊び？

11月は、園外保育でしょ！？
～ルールのある遊びの意義～

園外保育、いいですよね

11月は戸外で過ごすのに1年でいちばんいい季節ですよね。園外保育に行って遊んでいるのがいちばんいいんじゃないでしょうか？

そうだね

そうだね。公園までしっかり歩いて、そこでのびのび遊ぶって最高だよね。

どうして？

じゃあ、どうして今月の『遊びっくり箱＋（プラス）』では「ルールのある遊び」を紹介しているんですか？

これも大事なんだ

うーん、難しい問題だね。これは、保育とか教育ってなに？　っていう大きな話につながる問題なんだ。園外保育に行くと、好きな仲間と好きな遊びに夢中になれるけど、それとは別に**みんなでルールのある活動を経験することも大事なんだ。全身を使って動いて考える力も使う。これも保育や教育の大きな役割**だと思うんだけどな。

そうか！

というということは、体を使ってルールのある遊びをどんどんやればいいんですね！

ちょっと待って…

そうじゃないんだ。そこにも問題があってね。あまり楽しめないルールを保育者が決めて、子どもの興味を無視して強引にルールをはめ込むことはよくあるんだよ。でもそれだと保育者の自己満足ってことにもなりかねないよね。

どんな遊びをすれば？

それじゃあ、どんなルール設定の遊びをすればいいんでしょうか？

こんなふうにね！

『ふたりで宝集め』(P.80)や『だるまさんは…どこだ？』(P.83)『みんな入れるかな？』(P.85)みたいに**子ども同士がかかわり合えて、しかも敏捷性や判断力を使って集中できるようなルール設定にすること**。これを子どもの状態に合わせてうまく展開するのはけっこう難しいけど、がんばって！

がんばります！

ルールのある遊びに子どもが集中するって、簡単なことじゃないんですね。今月号、しっかり読み込みます！

12月のあそび 4・5歳児

- ふれあい おに 上下鬼……89
- うた おに ひげじいさん（冬編）…あなただれ？……90
- ふれあい おに カッパ鬼……91

4・5歳児の12月は…
何度でもチャレンジ！
楽しさが続く鬼ごっこ

① う〜ん…どうしようかしら…？ どっどうしたの？

② 鬼ごっこしているとき、捕まるとすごくいやがる子とかわざと捕まろうとする子がいるの…
うんうんよくあるよね… つかまるのやだ〜！！ おにになりたいな〜 えっ！

③ そういうことなら「捕まってもまたすぐに逃げられる！」「わざと捕まってもメリットがない！」って思えるようなルール設定にしてみよう！
またにげられるんだ！ まて〜 それならにげようっと… わっ！ お〜

④ 言葉ではなかなかわかってくれないこともあるけど、ルールをそういうふうに設定すれば **しぜんと遊びが活性化しそう！** そういうこと!! よしっ！ ピカ！ ピョッ！

と、いうわけで…
点数や時間で鬼を交替する鬼ごっこを紹介するよ！

ちょこっと遊ぼう

上下鬼

室内外でできる鬼ごっこ

準備物 マット数枚

ふれあい / おに

12月 4・5歳児

① 3人組になる

マットで安全地帯を作ります。3人組になり、「トントン上（または下）」で上か下のどちらかを指さします。

② ふたりでひとりを追いかける

2対1になったら、同じ方向を指さしていたふたりは「イエーイ」とハイタッチした後、「1、2、3」と数をかぞえながらハイタッチを3回します。ひとりの子は手を顔に当て、「えーん」と言っておしりスリスリで逃げます。ハイタッチを終えたふたりは、同じくおしりスリスリで追いかけてタッチします。戸外では、円を描くなどしてその外を安全地帯とし、走って逃げるようにしましょう。

※簡単にタッチできてしまう場合は、鬼がかぞえる数を増やしましょう。逆に、逃げるほうが有利になりすぎたら、ハイタッチを1回にする、といった調整が必要です。

戸外ではおしりスリスリの代わりに走ります。

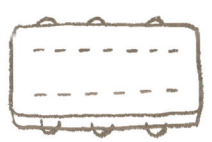

遊びのツボ　**室内外で楽しめる**　ルールが浸透すれば、グループごとにエンドレスで活動できます。室内では安全面を考え、おしりスリスリで行ないましょう。

ちょこっと遊ぼう

ひげじいさん（冬編）…あなただれ？

だれが出るかな？ ハラハラ、ドキドキ

準備物 マット数枚

1 安全地帯を作って鬼を決める

マットで安全地帯を3か所作ります（例：マット❶＝ひげじいさん＆メガネさん、マット❷＝こぶじいさん＆ウサギさん、マット❸＝てんぐさん）。中央に円を描き、鬼の子どもたちが入ります（20〜30人なら鬼5〜8人、20人以下なら鬼3〜5人）。逃げる子どもたちは、円の周りでスタンバイします。

マット❷ こぶ＆ウサギ
マット❸ てんぐ
マット❶ ひげ＆メガネ

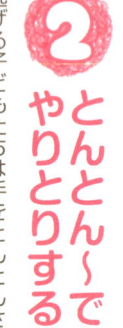

2 とんとん〜でやりとりする

逃げる子どもたちは手をとんとんさせながら近づいて『とんとんとんひげじいさん』［作詞／不詳、作曲／玉山英光］（楽譜P.14参照）の節で「♪とんとんとんとん」と歌い、「♪だれですか？」で手を耳に当てて聞きます。鬼はあらかじめだれが言うか決めておき、「ひげじいさん」「こぶじいさん」「てんぐさん」「メガネさん」「ウサギさん」のどれかを答えます。何回か繰り返します。

♪とんとん〜 だれですか？
てんぐさん

3 マットに逃げる

「♪キラキラキラキラ、だれですか？」と歌った後に、同じように鬼のひとりが「○○○○」と答えたら、鬼にタッチされないように、そのマットに逃げます。タッチされたらその場に座り、タッチひとりにつき1点として合計点数をかぞえます。

ひげ＆メガネ
キャー！！
ひげじいさん

2〜3回行なったら、鬼を交替しましょう。

遊びのツボ　点数で意欲がわく

得点は競いませんが、子どもたちは点数を言われると意欲がわきます。また、わざとタッチされようとする子もいますが、タッチされると鬼の点数になることに気づきます。子どもたちにとってイヤなことも、保育者にとって望ましくない姿も、しぜんと減るルールになっています。

にげろー
うた おに

12月 4・5歳児

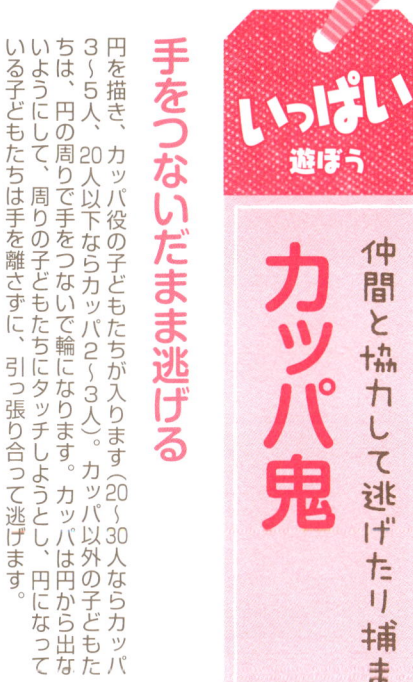

いっぱい遊ぼう

カッパ鬼

仲間と協力して逃げたり捕まえたり

ふれあい／おに

手をつないだまま逃げる

円を描き、カッパ役の子どもたちが入ります（20～30人ならカッパ3～5人、20人以下ならカッパ2～3人）。カッパ以外の子どもたちは、円の周りで手をつないで輪になります。カッパは円から出ないようにして、周りの子どもたちにタッチしようとし、円になっている子どもたちは手を離さずに、引っ張り合って逃げます。

ルール
- カッパ同士は手をつないでもOK。ひとりの片足が円に入っていたらタッチできる。
- タッチできたらカッパチームの1点、2～3分程度でカッパ役を交替する。

遊びのツボ　人数を調整しながら

体の動きは少ないですが、心が動く遊びです。ようすを見てカッパの人数を調整しましょう。また、手が離れやすいときは、円形リングなどを持つと離れにくくなります。

4・5歳児 今月のまとめ　点数制や短時間交替制のルールに

鬼ごっこでは、タッチされると鬼を交替しますが、今回紹介した遊びのように、点数制や短時間の交替制にすると、タッチされることがペナルティーではなくなります。何度でもチャレンジできることや、わざとタッチされても何のメリットもないことなどが、言葉ではなくルールとして伝わります。

子どもの姿から考える 12月のあそび

2・3歳児

- 逃げようか？追いかけようか？……93
- いっしょだからだいじょうぶ……94
- ネズミとネコ（おむすびころりん）……95

2・3歳児の12月は…
みんないっしょだから安心！
わいわいチャレンジ、いっぱいチェンジ

1. 「先月の遊びもとってもよかったわ！」「ん〜…そうね…遊びっくりちゃ〜ん！」「それでね、先月からさらに進んだ遊びってある？」

2. 「遊びの中でひとりひとりに『チャレンジする』場面をつくってあげるのはどうかしら？」「チャレンジする場面…？」「なになに…」

3. 「友達を助けるためには、あえて安全なところから出ていかなくてはいけないの。そういうチャレンジする場面が含まれている遊び！」「チャレンジ」「そういうことなのね…」

4. 「ポイントは絶対にチャレンジしなくてもいいってところ」「でも、子どもたちが『チャレンジしたくなったとき』にはしっかりその気持ちを受け止めてね!!」「わかったわ!!よろしくね!!」「チャレンジ」「はい!!」

と、いうわけで… ひとりひとりがチャレンジするか・しないかを選べる遊びだよ！

12月 2・3歳児

ちょこっと遊ぼう

逃げようか？追いかけようか？

チャレンジできるようになったらチャレンジ

おに／ふざい

1 子どもたちが追いかける

保育者が鬼になって逃げ、子どもたちが追いかけます（3〜4人程度の少人数で）。

2 子どもが逃げるか追いかけるかを選ぶ

保育者はタッチされたら、タッチした子に「逃げる役」「追いかける役」のどちらになるかを聞きます。逃げる役を選択したら、その子が逃げる役であることを帽子などでわかりやすくし、みんなで追いかけます（追いかける役を選択したら、また保育者が逃げます）。

にげるやく！
どっちにする？
まて〜！

遊びのツボ

「追いかけられる」ようすを見てから

年齢が低いほど「鬼」「追いかけられる」を「怖い」「イヤなこと」と拒否してしまいますが、「追いかけること」には参加しやすいです。まずは保育者のようすを見て「追いかけられる」ようすを感じ取り、「できる・やってみたい」と思ったときにやると、楽しく遊び続けられるでしょう。

まて〜

ちょこっと遊ぼう

安心だからチャレンジできる
いっしょだからだいじょうぶ

準備物：フープ数個

ふれあい / おに

フープをランダムに置きます。保育者が鬼になり、子どもたちは走って逃げ、フープの中に入ります。フープにひとりの場合は捕まりますが、ふたり以上ならセーフ。ふたり以上でもフープからはみ出ていたら捕まります。フープからフープへの移動はOK。

フープに逃げる

※全員がふたり以上になってフープに入れていたら、保育者ははみ出している子を探してうろうろしたり、寝たふりをしたりして、子どもたちがフープからフープに動ける時間をつくり、スキを見てまた捕まえに行きます。演技力がポイントです。

遊びのツボ　子どもが動けるような演技を

子どもはフープから出たら捕まるとわかっていても、出てみたいと思う気持ちはあります。また、ひとりだと寂しくても、そばにだれかがいてくれると心強くなれます。そんな気持ちを理解したうえで、保育者はようすを探りながら演技をすると、遊びが活性化します。

\セーフ！／

12月 2・3歳児

いっぱい遊ぼう

どっちが出るかな？ ネズミとネコ（おむすびころりん）

準備物 マットなど安全地帯となるもの

ふれあい / おに

① 保育者とやりとりする

マットや線などで安全地帯を設定します。保育者が鬼になり、子どもたちは鬼に歩いて近づきながら「♪おむすびころりん すっとんとん おむすびころりん すっとんとん あなたはだれ？」と節を付けて歌いながら聞きます。保育者の答えが「チュチュチュー」とネズミだったら、逃げずにまた近づきながら「♪おむすびころりん〜」と繰り返します。

♪おむすびころりん〜
チュチュチュー
あなたは だれ〜？

② 「ニャーゴ」で逃げる

答えが「ニャーゴ」とネコだったら、安全地帯まで逃げます。

ニャーゴ！

保育者は、ネコの場合は威嚇のポーズをするなどして、なり切りましょう。

遊びのツボ

めりはりを意識して

『おむすびころりん』の話から入ると、より楽しめるでしょう。保育者はネズミ、ネコに思い切ってなり切りましょう。ただし、ネコのときに必要以上に追いかけると、子どもは怖がって参加しなくなるかもしれません。「安全地帯に戻ったら、安心安全」ということを強調して、めりはりを意識しながら取り組みましょう。

2・3歳児 今月のまとめ：チャレンジしてもしなくてもいい

前月に引き続き「みんないっしょだから安心、必要最低限のルール」の遊びが中心ですが、今回はひとりひとりが少しのチャレンジができる遊びとしました。しかし、チャレンジを絶対にしなければならないわけではなく、"チャレンジをしてもしなくても"参加できる内容ということがポイントです。

5年目 遊びのことをもっと知りたい！
10年目 遊びのスペシャリスト

遊子と智基の

先輩からの **深イイ！**
あそびなるほどアドバイス

意外に **12月** 深いんです

鬼ごっこは、根源的欲求を満たす？

体を温めるためですか？

> 寒くなると、子どもたちはすぐに「鬼ごっこしよう」って言ってきますね。やっぱり体を温めるためなんですか？

まて〜！

こんな子っていない？

> それもあるけれど、ぼくは逃げたり追いかけたりすることそのものに魅力があるんだと思うな。
> 例えば、こんな子はいない？　楽しんで逃げているけれど、捕まりそうになったときは形相を変えて必死に逃げて、捕まってしまったら悔しくて半泣きになる子。

でも…

> いますね。でも前に私が鬼になって遊んだとき、わざと捕まろうとする子もたくさんいましたよ？

スキンシップかも…？

> そうなんだよね。捕まるまいと必死に逃げる子もいれば、わざと捕まりたがる子もいるんだよね。そこが謎なんだ。ひょっとすると、わざと捕まりたがる子たちは遊子先生のことが好きだから、**捕まることでスキンシップを求めてるんじゃないかな…？**

96

そうだったのか…！　でも反対に追いかけるときは、本当にみんな懸命に追いかけてきますよね。

そうそう。**逃げるときは怖くてドキドキする気持ちが楽しい**みたいで、逆に鬼になって**追いかけるときには、なんだか自分のことをライオンみたいに強くなった**って思うのかもしれないね。

ふ〜ん。鬼ごっこって深いんですね…。
でも、鬼ごっこもいろいろありますよね。
今月ではどんな鬼ごっこを紹介しているんですか？

今月は、昔からある鬼ごっこじゃなくて、『カッパ鬼』(P.91)や『いっしょだからだいじょうぶ』(P.94)のような、仲間と協力し合うものをいっぱい紹介しているよ。本当に、鬼ごっこって逃げる楽しさと追いかける楽しさが混じっていて、ぼくはまるで人間社会そのものみたいな気がしているよ。

仲間と協力し合う鬼ごっこ、いいですね。
でも、人間社会そのものって…！　それ、どういうことですか！？

1月のあそび

子どもの姿から考える

4・5歳児

- ふれあい・じゃんけん　3人宝集め電車……99
- ふれあい・ボール　はさみんボール……100
- ふれあい・おに　ザ・ガードマンⅡ……101

4・5歳児の1月は…

仲間といっしょにじっくりと！

遊び込みから生まれるものを大切にしよう

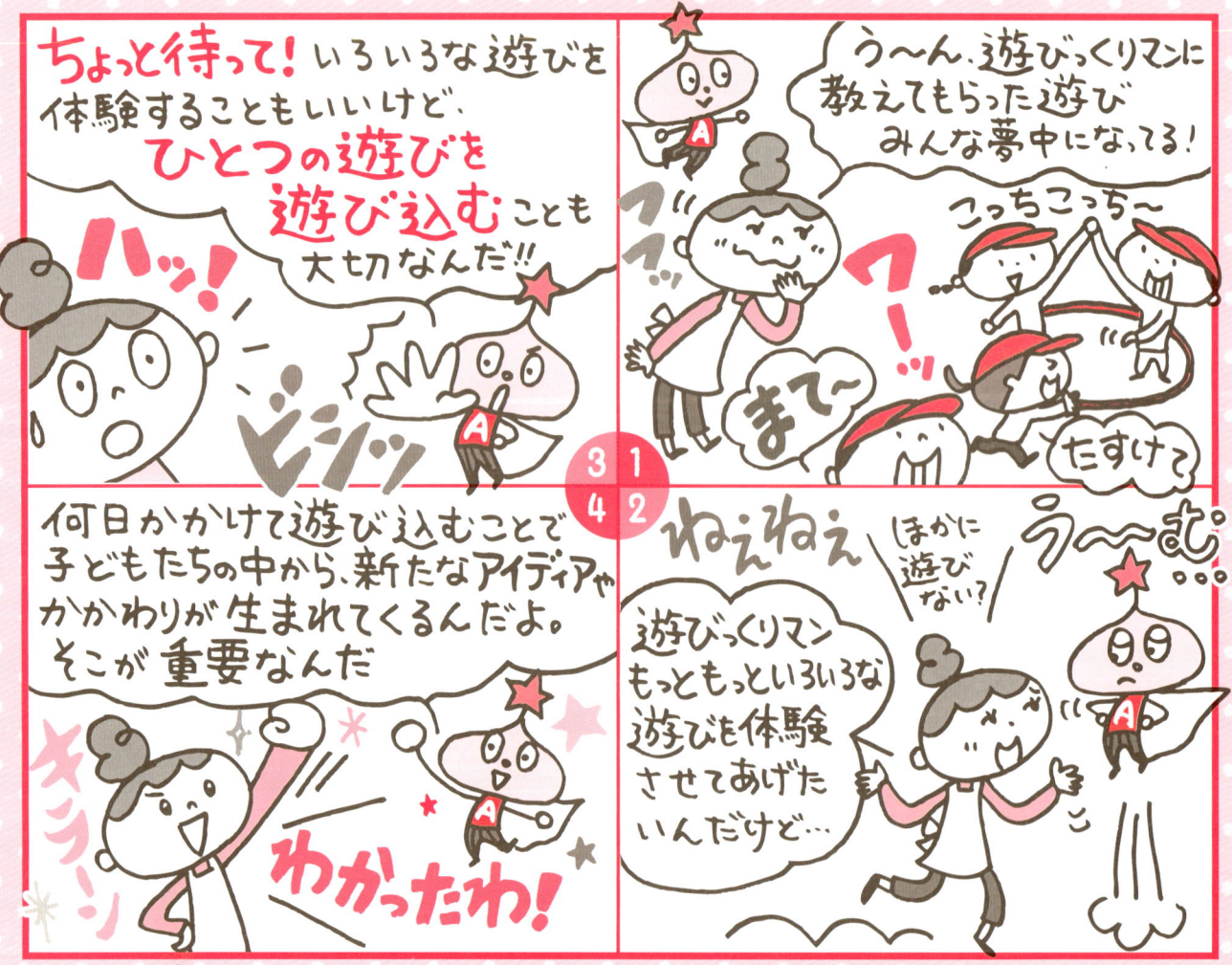

1. ちょっと待って！いろいろな遊びを体験することもいいけど、**ひとつの遊びを遊び込む**ことも大切なんだ!!

2. う〜ん、遊びっくりマンに教えてもらった遊びみんな夢中になってる！
こっちこっち〜　まて〜　たすけて

3. 何日かかけて遊び込むことで子どもたちの中から、新たなアイディアやかかわりが生まれてくるんだよ。そこが**重要**なんだ
わかったわ！

4. ねえねえ、ほかに遊びない？
遊びっくりマンもっともっといろいろな遊びを体験させてあげたいんだけど…
う〜む…

と、いうわけで…
友達と遊ぶ中でアイディアやかかわりが生まれる遊びだよ！

1月 4・5歳児

ちょこっと遊ぼう

3人でワイワイ 3人宝集め電車

準備物　フープ（銀行用）、玉入れの玉、予備の玉を入れる箱

ふれあい / じゃんけん

3人組で電車になり、ひとり1個ずつ玉を持ちます。自由に動きながら、先頭同士がジャンケンをし、負けた子は勝った子に玉を1個渡し、電車のいちばん後ろにつきます。2番目の子が先頭になり、違う電車を見つけてジャンケン。ある程度の時間で、どれだけ玉を集められたかを競います。

電車同士でジャンケン

ジャンケンポン

負けた子は玉を1個渡し、電車のいちばん後ろにつく

勝った子は、玉をもらって先頭のままで、違う電車にジャンケンをしに行く

ひとり1個渡す

なくなった～

玉がなくなったら、銀行（保育者）にもらいに行く

遊びのツボ　玉の持ち方を工夫して

遊びが進むと、3人の持つ玉の数が違ってきます。その際に、3人でいろいろなアイディアを出して乗り切ろうとします。いろいろな姿があるので、アドバイスが必要な3人がいないか確認し、必要に応じてかかわりましょう。

ジャンケンポン

ちょこっと遊ぼう

ふたりでドキドキがんばろう
はさみんボール

準備物：ボール、フープ、イス（個数は左記参照）

ふれあい ／ ボール

1 スタートとゴールを設定

スタートラインにイスを2脚ずつ置き、子どもたちは後ろに並びます。ゴールラインを決め、間にフープを数個ランダムに置きます。

2 ボールを挟んでゴールを目ざす

先頭のふたりは手をつないでおなかでボールを挟み、ゴールを目ざします。鬼（保育者）は、ボールをたたき落とそうとしますが、フープの安全地帯に入ったら触ることはできません。ボールが落ちてしまったら、スタートラインに戻って次のペアにボールを渡します。

※20〜30人の場合、イスを3〜4セット、ボール・フープを6〜8個、鬼（子どもなら2〜3人、保育者ならふたり）。10〜20人の場合、イスを2〜3セット、ボール・フープを4〜6個、鬼（子どもなら1〜2人、保育者ならひとり）を目安に安全に楽しさが味わえるよう調整してください。時間を決めて鬼を交替しましょう。

遊びのツボ　子どもも鬼になる

初めは保育者が鬼になり、子どもたちがふたりでボールを挟んで進むことの楽しさや難しさを感じられるよう配慮しながら、追いかけましょう。コツがつかめてきたら、子どもも鬼になり、両方の役割を楽しみましょう。全体人数が奇数であっても、スタートにイスを使うことで順番にふたり組になれます。

1月 4・5歳児

いっぱい遊ぼう

力を合わせて助けよう
ザ・ガードマンⅡ

準備物　フープ、リング

ふれあい　おに

1 役割に分かれる

ガードマン1、ガードマン2、鬼、逃げる役の4つに、同じ人数になるように分かれます。逃げる範囲を決めて、フープ（4人ずつなら4個）をランダムに置き、ガードマン1と2はフープの中でリングを持ちます。

2 フープに入りながら逃げる

逃げる役の子たちは、範囲内を自由に動きます。鬼に追いかけられたら、フープに入るとガードマンに守ってもらえます。逃げる役が全員座った場合は、その時点で役割を交替。時間を決めて交替します。

ルール
・フープに入って、ガードマンが5秒数えるとフープから出なければならない。
・鬼にタッチされたらその場で座って固まり、まだ座っていない逃げる役の子にタッチしてもらうと再び動けるようになる。

遊びのツボ　役割を数多く経験

ふたりで守ることは大人が考えている以上に難しく、守れたとき、守れなかったとき、それぞれの場面で子どもたちのさまざまな姿が見られます。短時間で役割を交替し、何日か続けて行なって役割を数多く経験することをおすすめします。

まもるぞー！
おにがきたー！

4・5歳児 今月のまとめ　アイディアやコミュニケーションが生まれる

成功や失敗を仲間と経験するうちに、アイディアやコミュニケーションが生まれてきます。それは子どもたち自身の中から生まれた表現といえます。それらが生まれるには、ある程度の時間が必要なので、何日か続けて遊ぶようにしましょう。

子どもの姿から考える 1月のあそび

2・3歳児

- 🎵 鬼のパンツを…はいちゃおう……103
- からだ たこ揚げ鬼遊び……104
- ボール 玉当て競争……105

2・3歳児の1月は…
いっぱい動こう！
寒さに負けずに体を動かしたくなる遊び

**① **
寒さが厳しくなってくるとね 言葉で励ますだけじゃダメよ！ しぜんと体を動かしたくなる 遊びを準備しなきゃ！
「マットを持ってきて…」 「はいっ！」 ん？ ぴょん

**② **
「寒くなってきたね… でも、動いたら温まるよ!!」 さぁ！ さむ〜い… ブル

**③ **
みんながやってみたくなるような雰囲気をつくることも大切だからね！
「わかったろ」 「なになに？」 「どうしたの〜」 ポーン ワーイッ！

**④ **
「なんで動いてくれないの〜」 あらら… うっ…さむいからヤダッ！ へなへな… ブルブル

と、いうわけで…
寒くても思わず体を動かしたくなる遊びだよ！

ちょこっと遊ぼう

鬼のパンツを…はいちゃおう

スムーズに鬼を決めて

準備物 帽子

うた／おに

1月 2・3歳児

① 歌いながら子どもたちが鬼になる

『鬼のパンツ』（作詞／不詳、作曲／ルイージ・デンツァ）を歌って遊びます。「♪あなたも あなたも…」のところで子どもたちの帽子をひっくり返し、初めは全員鬼に変身させます（保育者は子どもの頭を触るだけにして、自分で帽子を変えてもらってもいいでしょう。また、「あなた」を○○ちゃん、△△くんと名前に替えて歌ってもよいです）。

♪あなたも あなたも～
♪つよいぞ～

② 保育者を追いかける

「♪みんなではこう おにのパンツ」「よーいドン」で保育者が逃げて鬼ごっこがスタート。タッチされてもそのまま鬼ごっこを楽しみ、1分程度で、また歌から繰り返します。

キャー！　まて～！
よーいドン！

慣れてきたら、子どもが逃げる役になり、保育者はだれが逃げる役かを知らせた後、「よーいドン！」で鬼ごっこをスタートします。

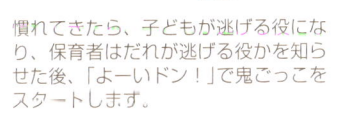

遊びのツボ　初めは追いかける役から

鬼をやりたい子も、やりたくない子も歌の流れでしぜんと鬼に変身するので、スムーズに行なえます。初めは保育者を追いかけ、雰囲気を楽しみながら体を温め、ようすを見て子どもが逃げるバージョンで遊びましょう。

♪あなたも…

ちょこっと遊ぼう

たこ揚げ鬼遊び
思わず体が動き出す

準備物：マット

からだ／おに

1 たこになって自由に動く

子どもはマットの上で、保育者はマットに糸を付けるしぐさをします。『たこのうた』（文部省唱歌）を歌いながら、保育者はたこを揚げるように糸を右や左に動かすふりをし、子どもたちはマットから出てたこに変身して動きます。

2 マットに走って戻る

しばらく動いた後、「糸が切れた！」と保育者が言うと、子どもたちはマットへ走って戻り、保育者は追いかけます。全員がマットに戻ったら、また糸を付けて歌うところから始めます。

遊びのツボ　初めはいっしょに逃げる

2歳児でも引っ張るふりをすると体がしぜんと動き出します。糸が切れたとき、一瞬何のことかわからず動きが止まりますが、そこで急に追いかけると怖がってしまうので、「逃げろ〜」と保育者もいっしょになってマットへ戻りましょう。糸が切れたらマットに戻る、ということが理解できたら、ようすを見ながら強めに追いかけましょう。

いっぱい遊ぼう

玉当て競争

みんな夢中で行ったり来たり

準備物：玉入れの玉（ひとり4〜6個程度）、マット2枚、カラー標識4個

ボール

① 的を目がけて玉を投げる

マットの上に玉を置き、子どもたちは的（カラー標識）を目がけて投げます。
※マットと的の間に落ちた玉は取ってはいけない、というルールを初めに伝えておきましょう。的の後ろに壁があるような場所にすると、玉があまり散らからないでしょう。

② マットに玉を集める

玉をすべて投げたら、カラー標識をいったん取り払い、玉をマットに集めます。そして、また的当てを繰り返し楽しみます。

遊びのツボ　距離を調節する

的をねらって投げる動作は、大人が思っている以上に難しいので、マットから的までの距離を調節しましょう。遠すぎると子どもたちはマットから出て投げ始めてしまいます。

\えいっ/

2・3歳児 今月のまとめ
楽しく、やってみたくなる遊びを

寒さが増してくると、言葉で励ましても子どもたちはあまり動けません。楽しそうで、しぜんと体を動かしたくなる遊びを用意し、集中することで体が温まってきます。やってみたいと思えるような内容や雰囲気が大切になります。

先輩からの深イイ！あそびなるほどアドバイス

遊子と智基の

設定とルール作り　1月　夢中になることが何より！

どうでしたか？

今日のひかり組さんの『玉当て競争』（P.105）どうでしたか？
いつもおとなしいタカちゃんが、あれだけ必死になるなんて思いませんでした。

そうだね

そうだね。活動を通じて「何が育つ」とか「自己肯定感をはぐくむ」とか、園長先生はよく言われるけど、わくわくする活動があれば、そういう議論もしなくてもよくなるかもしれないね。

守っていました！

そうですね。それに、いつもふわふわ自分の世界を楽しんでいるマイちゃんも、玉がなくなったら、必死に拾って、マットに戻ってと、ちゃんとルールを守ってやっていました。

ルールって…

うん、ルールは守らせるためにあるんじゃないよね。「ルールを守らせることで社会性が身につく」って考える人は多いけど、**夢中になるからルールの意味も理解するし、ルールを守る意義もしぜんと体で感じるようになっていくんだよね。**

楽しさがいちばん！

つまり、楽しさがいちばん！ とにかく楽しめるような遊びをすればいいってわけですか？

設定がよかったよ

そこがちょっと違うんだよ。例えばこの『玉当て競争』、もしも距離が遠くてなかなか当たらなかったら、それこそ自己肯定感は持てなくなるし、ルールを破ってでも当ててやろうって気になるだろう。だから今日みたいに、**しっかり当てることができる構成にした遊子先生の配慮はよかったし、クラスのみんながいっしょになって何度も何度もチャレンジできるルールづくりにしたのもよかったと思うよ。**

いい活動だったんですね

楽しくなるような環境構成やルールづくりが大事ってことですね。たった15分の活動でしたけど、みんながいっしょに楽しめたことは、自己肯定感という意味からいってもいい活動だったんですね。

よかったね

そうだよ。今日のこの時間は、とてもよかったね。

子どもの姿から考える 2月のあそび

4・5歳児

- おに 3対1で、しっぽくぐり抜け……109
- おに・うた そ〜こが抜けたら逃〜げましょ……110
- おに・ボール レッツトライ！……111

4・5歳児の2月は…
子どものようすを見ながら
状況に応じて遊びを調整しよう

1 みんな楽しそうに遊べてる！お互いに力を合わせたり知恵を出したりしてかかわれるようになってよかったな〜

2 あっでも あそこの人数を減らすともっとよくなるかも…？
よし、ルールをちょっと変えようかな
つかまえるぞ〜

3 よく見てるね！遊びのようすをしっかり見極めることができてるよ！
ほんとぅ？！
good!

4 子どもの姿を見て、必要ならルールを調整しながら遊びを盛り上げることは大切だからね
ありがとう!!
キャ♡ キャ♡
がんばって

と、いうわけで… みんなも遊びが活性化するように、状況に応じてルールを調整してみてね！ 今回は子ども同士がかかわり合う遊びを紹介するね。

ちょこっと遊ぼう

3対1で、しっぽくぐり抜け
ずっと動き続けて隙をねらえ！

準備物
- ひと組につきフープ3つ、タオルひとつ
- フープは2m程度離して置く。

おに

2月 4・5歳児

フープの間を行ったり来たり

4人ひと組になり、内3人はフープの中に入ります。タオルをしっぽのように付けたひとりは、スタートの合図で、しっぽを取られないように、20秒間フープの間を行ったり来たりします（保育者は1から20まで声に出して数えます）。途中でしっぽを取られても、返してもらって再スタートします。

フープから1歩だけ足を出してもOK

しっぽを取られたら、返してもらって再スタート

遊びのツボ　すばやい身のこなし

直線で動くのではなく、3つのフープのどこを通ってもいい設定なので、すばやい方向転換など、子どもたちの身のこなしをよくする動作が凝縮されています。フープとフープの間隔を、しっぽに手が届きそうで届かない距離にすることで、遊びが活性化します。

109

ちょこっと遊ぼう

ここにきたらまた復活！
そ〜こが抜けたら逃〜げましょ

おに　うた

鬼ごっこをして、円に入って復活

中央に円を描き、保育者と子どもふたりくらいが鬼になり、鬼ごっこをします。タッチされた子は円の中に入ります。円の中では、タッチされた子ども同士か、助けに来た子どもと向かい合って両手をつなぎ、「♪そーこがぬけたらにーげましょ！」と『なべなべそこぬけ』（わらべうた）の節で歌って、くるっと回って背中合わせになったら、手を離してふたりとも復活できます。

タッチされた子が入る

まて〜！

そこがぬけたら

にーげましょ

たすけにきたよ

復活!!

遊びのツボ

鬼は少なめに
復活するまでに少し時間がかかること、逃げている子どもたちが逃げ続けるだけではなく、助けに行く機会を見つける時間が必要なことから、鬼の人数は少なめ（保育者と子どもふたりまで）がいいでしょう。

そ〜こがぬけたら

2月 4・5歳児

いっぱい遊ぼう

どこから突破しようかな？
レッツトライ！

準備物
マット、ボール（ドッジボール大）、カラー標識
●二重の円を描き、中央にマット、外側にカラー標識を置く。

〔おに〕〔ボール〕

ボールを持って中央のマットを目ざす

4つのグループに分かれます。攻めるのは1グループで、子どもはそれぞれボールを1個持ち、カラー標識の横でスタンバイします。守りの3グループは、二重の円形の線の中に立ちます。ボールを持った子は、守りをくぐり抜けて中央のマットに入ったらOK。20秒間続け、1グループずつ交替します。

- 攻めるグループ以外は守るグループ
- 攻めるグループ
- 途中でタッチされたら近くのカラー標識に戻ってから再スタート
- 守るグループは線の中しか動けない
- やったー！

\いまだー！/

遊びのツボ　ちょうどいい割合に設定

4分の1が攻め、4分の3が守る、という人数の割合が、安全性やおもしろさから考えてもちょうどいいでしょう。なかなか突破できなくても、円の外を動き回りながら空いている所をねらえるので、運動量も確保できます。

4・5歳児 今月のまとめ　ルールや設定を微調整

まずは、初めに説明したルールや設定で遊んでみましょう。そして子どもたちの動きや熱中度合いを見たうえで、距離を変えたり、時間を決めたり、細かいルールを加えたり、とルールや設定を微調整することで遊びがさらに活性化します。保育者は、幼児の特性を踏まえ、その場が活性化しているかどうかを見極める力も求められます。

子どもの姿から考える 2月のあそび

2・3歳児

- おに・からだ　ネコさんネコさん、手のなるほうへ……113
- おに　壁鬼……114
- ふれあい・ボール　赤玉で白玉であんな形、こんな形……115

2・3歳児の2月は…

まずは楽しい雰囲気で
遊びが楽しくなるようにかかわろう

1　今日はどんな遊びをしようかな―　そういえば、ルールのある遊びは子どもたちが考え合ったり、かかわりができたりするからいいって言ってたっけ…

2　楽しそうに遊んでいてよかった！　でも、まだちゃんとルールがわかってない子もいる！　きっちり教えてあげなきゃ！

3　ちょっと待った！　ルールを守ることも大切だけど、そんなに徹底しなくてもいいよ

4　まずは**楽しい雰囲気**にすることが重要！　子どもたちが楽しく遊べるようにかかわるのも保育者の大事な役目だよ

と、いうわけで…　保育者のかかわりが大切な遊びを紹介するよ！

ちょこっと遊ぼう

ネコさんネコさん、手のなるほうへ

「よーいドン！」で、待て待てネズミさ〜ん

ネコとネズミで追いかけっこ

スタートラインと安全地帯を決め、保育者がネコになり、子どもたちがネズミになります。ネズミたちはスタートラインで「ネコさんネコさん手のなるほうへ」と言い、保育者が「よーいドン！」と言ったら追いかけっこスタート。

2月 2・3歳児

何度か繰り返したら、全体の4分の1程度の子どもがネコになり、帽子などで色分けします。同じように「ネコさんネコさん手のなるほうへ」「よーいドン！」で追いかけます。ネコ役を交替して繰り返しましょう。

遊びのツボ　待つ時間をしっかりつくる

「ネコさんネコさん手のなるほうへ」から「よーいドン！」までのわずか数秒を「待てるかどうか」が大切です。これがあいまいになると、子どもたちが行きたい気持ちを抑える力に結び付かなかったり、ルールとしても何でもアリになってしまったりして、楽しさは半減してしまいます。

\ よーい… /

\ 待て〜 /

おに　からだ

ちょこっと遊ぼう

壁鬼
〜狭い所を通り抜けろ〜

準備物
- カラー標識（5〜6個）
- 壁から1mほど離してカラー標識を並べ、通路にする。

カラー標識の通路を通る

図のようにスタートとゴール地点を決め、子どもたちはゴールを目ざします。鬼（保育者）はカラー標識の間から手を出してタッチしようとし、子どもたちはよけて通ります。

ルール
- 鬼は通路に入れない。
- タッチされた子どもはスタートに戻って再チャレンジ。
- 子どもは線から出ない。
- 友達を押さない。

スタート！

ゴール！

＼よけろ〜／

遊びのツボ

ドキドキ・ワクワクを経験

「決まった方向（入り口・出口）」と「決まった範囲（幅2m）」、「タッチしようとするふりをする保育者」という3つの要素によって遊びが持続し、捕まりそうで捕まらないというドキドキ・ワクワク感をたくさん経験することができます。

いっぱい遊ぼう

赤玉と白玉であんな形、こんな形

あーでもない、こーでもない、みんなで考えよう！

準備物　玉入れの玉、カゴ、フープ

ボール
ふれあい

2月 2・3歳児

見本と同じ形を作る

保育者が赤玉と白玉を組み合わせた見本の形を作ります。子どもたちはカゴから玉を取り、フープの中に同じ形を作っていきます。すべてのフープで作れたら終了。また違うパターンの見本を保育者が作り、同じように繰り返します。

見本

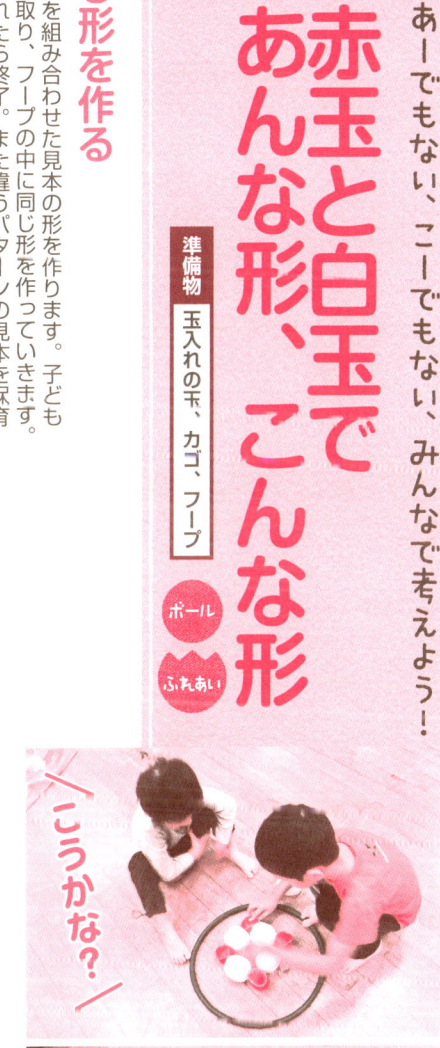

「こうかな？」

「つぎはしろ」

遊びのツボ　数を調整する

子どもの人数とフープと玉の数のバランスによって、子どもたちのやりとりする姿に違いが出ます。フープを少なくして玉の数を多く（いろいろなパターンに）すると、子ども同士のかかわり合いは増え、フープの数を多くして玉の数を減らすと、ひとりずつ完成させることができます。

2・3歳児 今月のまとめ　楽しい雰囲気になるように

「この線からあそこまで」「この範囲で」「この形と同じように」という制限（ルール）があることで、子どもたちが考えたり意欲的になったり、子ども同士のかかわり合いが生まれたりします。ただし、この年齢ではルールを徹底することよりも、子どもの反応に合わせて、楽しい雰囲気になるような保育者の演技力、柔軟な心持ちも必要です。

先輩からの 深イイ！

あそびなるほどアドバイス

遊子と智基のアレンジを工夫！

2月 いろいろな要素を取り入れた創意ある鬼遊び

5年目 遊びのことをもっと知りたい！
10年目 遊びのスペシャリスト

満載ですね！

今月は、鬼遊び満載って感じですね。

大事だね！

うん、そうだね。鬼遊びは「逃げる＆追いかける」が基本だけど、仲間同士のかかわりを深めることも大事だと思うんだ。遊具を使ったり工夫したりしてバリエーション豊かにすることも大切だね。

おもしろい！

そうなんですね。この『そ〜こが抜けたら逃〜げましょ』(P.110)って、「なべなべ底抜け」をしてから逃げるってアレンジが入っていて、とてもおもしろいです。

くるん

はやく体得するよ

「なべなべ底抜け」を体得していないとできなさそうだけど、この遊びをすることで、はやく体得する子もいるよ。きっと遊びの楽しさが、動機づけになっているんだね。

116

楽しそう！

なるほど。2・3歳児の『壁鬼』(P.114)は、「逃げる＆追いかける」とは少し違うけど楽しそう！

そうなんだ。鬼が見えていて進む方向も決まっていて、捕まりそうで捕まらないドキドキ・ワクワク感を友達とくっつきながら味わうからたまらなく楽しいみたいだね。

くっつく！

そうなんですね

ふ〜ん、狭い場所をみんなで同じ方向に移動することも、2・3歳の子どもには大きな楽しみになるんですね。

『レッツトライ！』(P.111)が円形のスペースでボールを使っているように、**これまでの遊びをちょっと工夫すれば鬼遊びみたいになって、寒い時期にふさわしいアレンジができる**んだよ。

アレンジしよう！

ホットに！

そうですね。寒い時期は、心と体をホットにして頭を柔らかくしなきゃいけませんね。

3月のあそび

子どもの姿から考える

4・5歳児

- ふれあい/からだ グループワーク○×対決……119
- ボール 四方八方転がしドッジ……120
- ボール/ふれあい ボール取り半分ずつ交替……121

4・5歳児の3月は…
友達の遊んでいる姿を見て
子どもが主体となって動く遊び

---

① 遊びっくりマンに教えてもらった遊び、盛り上がったなぁ
「あんなふうにすればボールをとられないのか」
「いっしょにがんばろう！」
何がよかったんだろう…

② あっ！
ほかの友達が遊んでいるのを見る時間があったからよかったのかな？
あっ、遊びっくりマン！
そのとおり！
ピューン！

③ そういう客観的に遊びを見る時間があると、自分で考えて「コツ」や「イメージ」をつかんだりそれを友達と共有したりする姿につながっていくんだよ。
ここがよいところだね！
なるほど!!
フムフム

④ だから、子どもが主体となって遊びを進めることができるんだ！
だからあの遊びがあんなに盛り上がるのか！

と、いうわけで…
子どもが主体となって動ける遊びを紹介するよ！

3月 4・5歳児

ちょこっと遊ぼう

ちがうちがう！となりとなり！
グループワーク○×対決

準備物
- 9マスの線を引き、その手前にジャンケンをする場所（円を描く、コーンを置く　など）を決める。
※「○×ゲーム（三目並べ）」を卓上で遊び込んで理解しておくことが前提です。

ふれあい　からだ

5人対5人で対戦

2チームに分かれて5人ずつ1列になります。先頭の子同士がジャンケンし、勝った子から先にマスの中に入って立ちます。縦・横・斜めのどこかでチームが1列にそろったほうが勝ち（得点制にする）。勝負が決まったり、引き分けになったりしたら、リセットして繰り返します。

ジャンケン

5m

5m

そろった～！

ここにしよう！

遊びのツボ　考えるのが楽しい

一度マスに入ると別の場所に移動するのは「なし」にするのがポイントで、自分で考えてマスを決めたり、チーム内でやりとりしたりします。ジャンケンの結果によっては、その場で判断しなければならないことも、ゲームをおもしろくします。

ちょこっと遊ぼう

おっと！こっちからもきた！

四方八方転がしドッジ

準備物
- ボール（各エリアに2個）
- 4人×5チームを作る。
- 4m×4mのエリアを4つ作る。

●ボール

ボールを転がして当てる

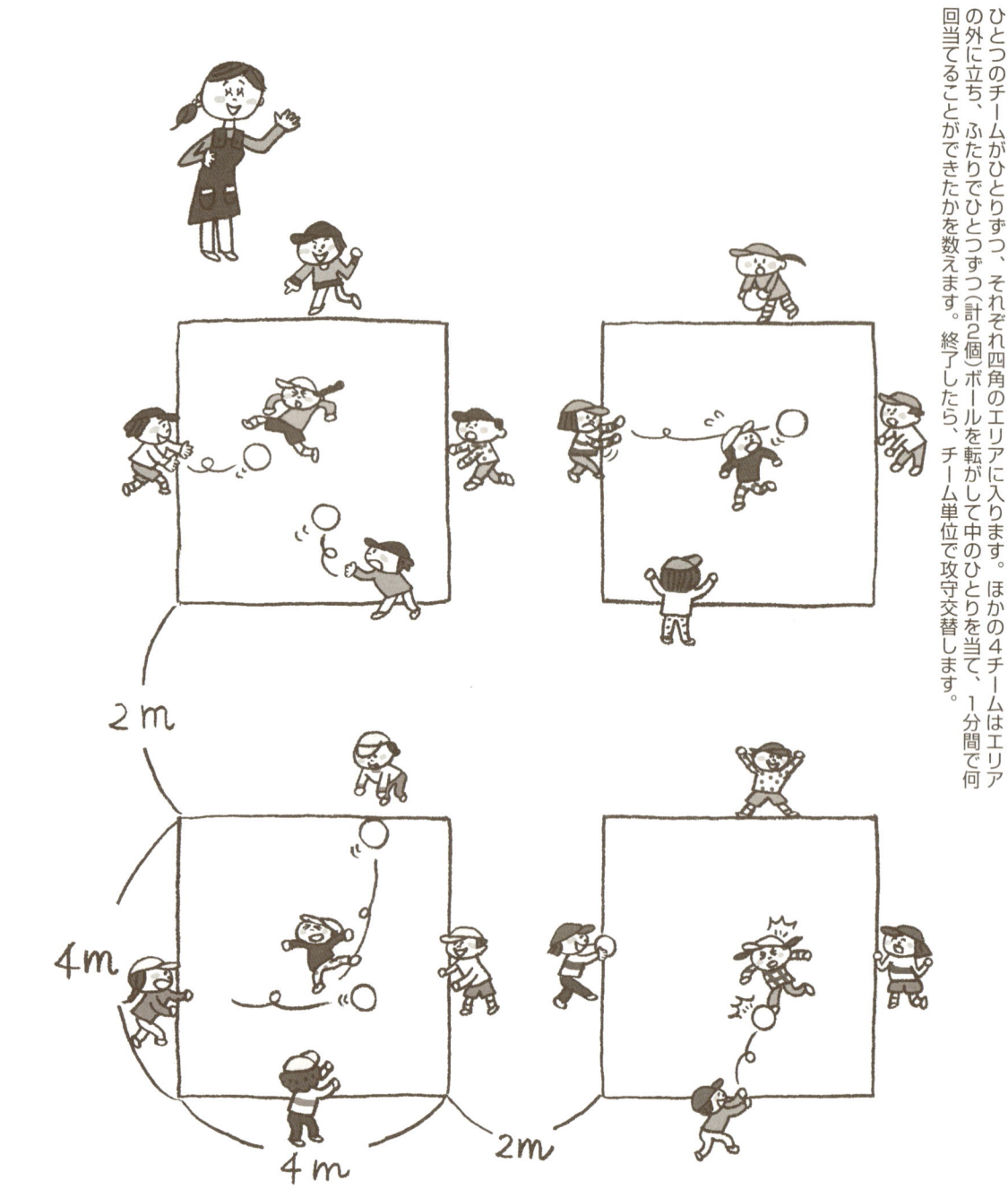

ひとつのチームが四角のエリアに入ります。ほかの4チームはエリアの外に立ち、ふたりでひとつずつ（計2個）ボールを転がして中のひとりを当て、1分間で何回当てることができたかを数えます。終了したら、チーム単位で攻守交替します。

2m / 4m / 4m / 2m

遊びのツボ　全員が同時に動ける

待ち時間がなく全員が同時に動き、ボールに触れる機会がたくさんあることがポイントです。遊び込むうちに当て方のコツがわかり、子ども同士の連携も生まれてくるようになります。

えいっ

ボール取り半分ずつ交替

いっぱい遊ぼう

がんばれ！　見ているとよくわかるね！

3月 4・5歳児

準備物
- マット2枚、ボール（1チームの人数の半分）
- マットを離れた位置に置く。

ボール　ふれあい

① 1対1で対戦

2チームに分かれ、1チームは、半数の子がボールを1個ずつ持ちます（半数はマットに座って応援）。対戦するチームの半数の子が、ボールを取りに行きます（半数はマットに座って応援）。20秒でストップし、取れたボールの数で勝敗を決め、攻守交替します。

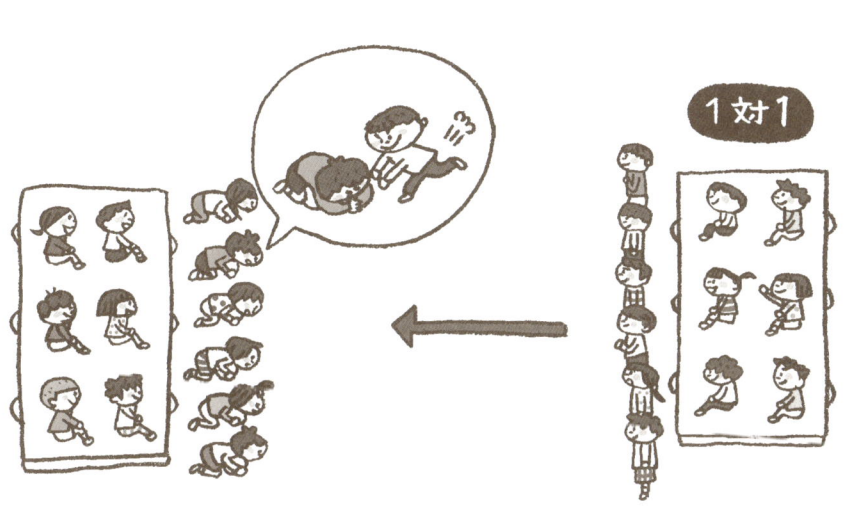

1対1

② 人数を増やして対戦

次はふたりでひとつのボールを持ち、2対2で取り合います（30秒）。次に3対3（40秒）、と人数を増やして対戦します。

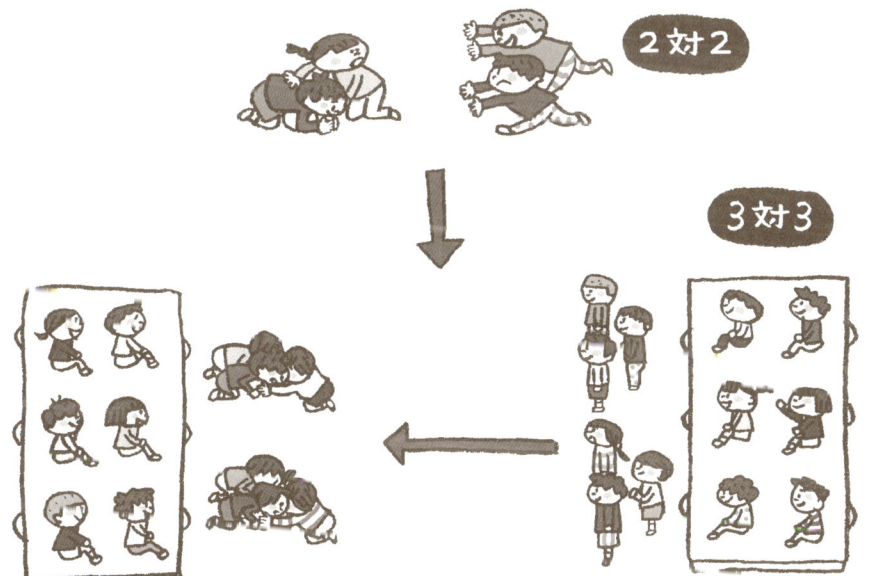

2対2

3対3

遊びのツボ　半数は応援する

チームの半数の子が、がんばっている仲間の姿を「見る」という設定が大切です。「守る」「取る」の動きだけではなく、状況を把握したり、判断したりすることも客観的に見ることでわかるようになり、仲間意識や意欲を高めることにもつながります。

がんばれー！

4・5歳児 今月のまとめ：子どもたちの成長が見える

みんなで一斉に行なうゲームでは、全体が活性化するようにルールを微調整することが大切です。一方で、状況を判断したり、「コツ」や「イメージ」をつかんだり、子どもたちが主体となって遊びを豊かにしていくためには、その場の状況を客観的に「見る」ことができる設定も効果的です。子どもたちの成長した姿が感じられるでしょう。

3月のあそび

子どもの姿から考える

2・3歳児

- からだ フープ4つで島渡り……123
- からだ おふねさんとおうまさん……124
- おに 円形通り抜け鬼……125

2・3歳児の3月は…

ルールがあって制限されるから
考えて行動する遊び

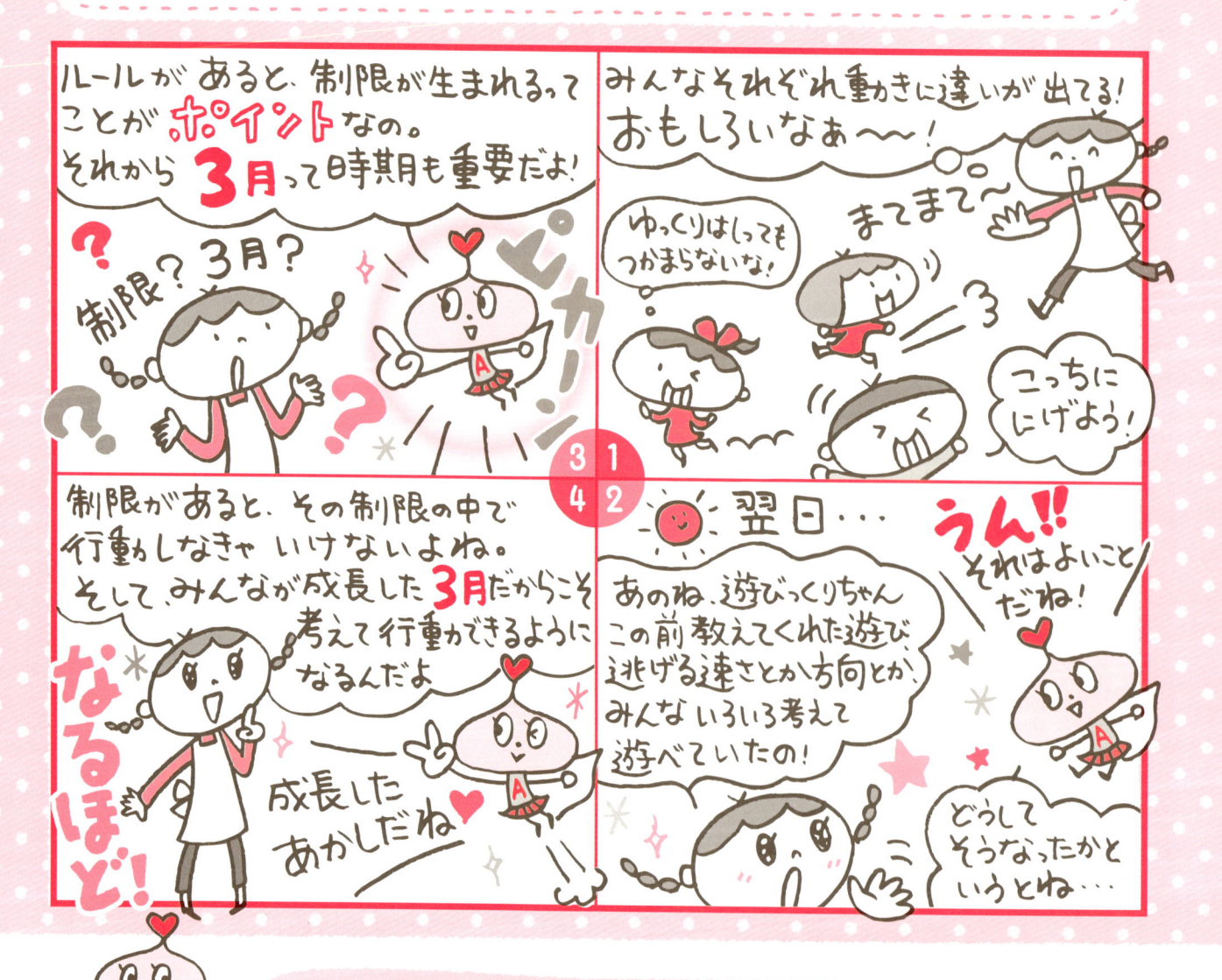

①　ルールがあると、制限が生まれるってことが**ポイント**なの。それから**3月**って時期も重要だよ！

制限？3月？
ピカーン！

②　みんなそれぞれ動きに違いが出てる！おもしろいなぁ〜！

ゆっくりはしってもつかまらないな！
まてまて〜
こっちににげよう！

③　制限があると、その制限の中で行動しなきゃいけないよね。そして、みんなが成長した**3月**だからこそ考えて行動できるようになるんだよ

なるほど！
成長したあかしだね♡

④　翌日…
あのね、遊びっくりちゃんこの前教えてくれた遊び逃げる速さとか方向とか！みんないろいろ考えて遊べていたの！

うん!!それはよいことだね！
どうしてそうなったかというとね…

と、いうわけで…
子どもたちがいろいろ考えて行動する遊びだよ！

3月 2・3歳児

ちょこっと遊ぼう

運んで、進んで、あ〜忙しい！
フープ4つで島渡り

準備物
- フープ（1チームに4個）
- スタートとゴールを決める（7m程度）
- 4人でチームを作る。

からだ

フープを運んで進む

チームごとに、4つのフープを並べます。ふたりがフープの中に入り、後のふたりがフープをひとつずつ前に運んで置き、フープの中のふたりはひとつずつ前に進みます。繰り返しながら進み、先にゴールしたチームが勝ち。次は役割（進む人、運ぶ人）を交替して繰り返します。

スタート！

ゴール！

遊びのツボ　待ち時間を少なく
スタートからゴールまでの距離は短めで、列も増やし、待ち時間を少なくする工夫も必要です。4人組のメンバーを変えて繰り返してもいいでしょう。

ちょこっと遊ぼう

おふねさんとおうまさん

横からいっぱい来たけど、進め〜

準備物
- 全体を半分に分け、おふねさんチームとおうまさんチームを決める。
- 長方形のスペースを作る。

からだ

おしりスリスリとハイハイで進む

「よーいドン」の合図で、おふねさんチームはおしりスリスリ、おうまさんチームはハイハイで進みます。互いにぶつからないよう、避けながら反対側まで進んだら、また「よーいドン」の合図で戻ります。往復したら、スタート位置と動きを交替します。

※歌やリズムを取り入れるのであれば、テンポを変えるとおもしろいでしょう。また10秒数える間に進む、というルールにするなら、次は8秒、5秒と時間を短くするといいでしょう。

おうまさん　おふねさん

よーいドン！

遊びのツボ　動く距離を調整する
おしりスリスリは距離を短くして、ハイハイは距離を長くしていることがポイントです。程よく交差するところができ、うまく避けながらすり抜けていく楽しさが生まれます。

3月 2・3歳児

いっぱい遊ぼう

出口を目ざして逃げろ〜！
円形通り抜け鬼

円を通り抜ける

鬼（保育者）は円の中に入ります。子どもたちは入り口から入って、鬼に捕まらないように出口から出ていきます。捕まらずに出口まで行けたらOK。タッチされたら円の外に出て入り口から再スタートします。

キャー！！
出口
入リロ
にげろ〜

準備物
- カラー標識4個
- 円を描き、カラー標識を置いて入り口と出口を決める。

おに

遊びのツボ　安全に遊べる

円形なので、入り口が「狭く」、逃げる部分は「広く」、また出口は「狭く」なっていることがポイントです。四方八方に散らばることもなく、なおかつ（入り口→出口という）方向も決まっているのでわかりやすく、安全に遊ぶことができます。

2・3歳児 今月のまとめ　動きをコントロールできる

ルールや設定（範囲や方向を決めるなど）が動き方や全体の動線に影響し、さまざまな状況を生み出します。その状況に合わせて、子どもたちにはスピードや方向など、動き方をコントロールしようとする力が生まれます。気持ちのコントロールと動きがつながっていることが感じられるでしょう。

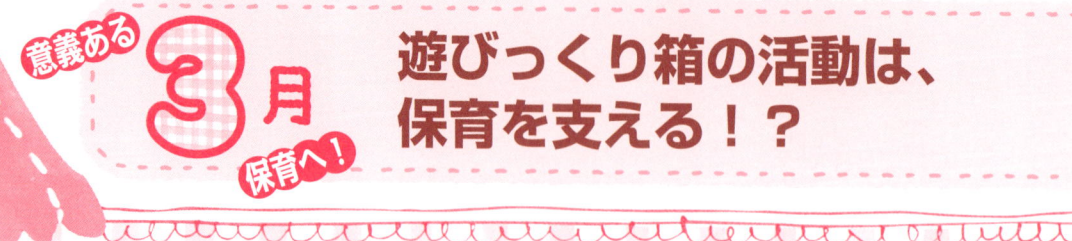

先輩からの深イイ！あそびなるほどアドバイス

遊子と智基の

意義ある3月保育へ！ 遊びっくり箱の活動は、保育を支える！？

智基： いよいよ今月でこのコーナーもおしまいだね。

遊子： この1年で私も楽しめたけど、最近よくいわれるプロジェクト型の保育とか、異年齢のコーナーやエリアでの活動とかと、この遊びっくり箱の活動は、どう関係するのかなって思うことがあるんです。

智基： 遊びっくり箱の活動は、明日から使えるハウツーモノで、現場では本当に重宝するよね。だけどその一方で、保育としては子どもの見方や寄り添い方が大事だといわれて、ハウツーが軽視されがちなんだ。でも、最近少し変わってきたんだよ。

遊子： どんなふうにですか？

智基： ハウツーをもとにして行なう**一斉活動が悪いんじゃなくて、工夫された内容や展開のしかた、保育者のかかわり方しだいで、すばらしい保育になるって見方**が少しずつ広がってきているんだ。

判断力発揮！

そうですね。一般的な「中当て」ってただ逃げ回っているだけで、どこがおもしろいのかなって思うこともありますけど、『四方八方転がしドッジ』（P.120）や『ボール取り半分ずつ交替』（P.121）なんか、子ども自身が全身を使って、判断力を発揮できますしね。

ほかにも『グループワーク○×対決』（P.119）なんて机上でする遊びを戸外でするだろう。こういう発想の転換が必要なんだよね。

発想の転換だね

意義があるんですね

ということは、この遊びっくり箱で紹介する活動は、保育として意義があるってわけですね。

そうだよ。でも日常保育でも"子ども主体"で進めないと、これらの活動も生きてこないんだよ。そうですよねっ？　みなさん！？

そうですよねっ？

127

【監修・編著者】
片山　喜章（かたやま　よしのり）
社会福祉法人種の会　理事長

【著者】
徳畑　等（大阪・ななこども園園長）
東　洋一郎（神奈川・もみの木台保育園園長）

【実践】遊びっくり箱プロジェクトチーム（連載時）
伊藤　衣里・高垣　まりな・横田　英一（兵庫・なかはら保育園）
徳畑　等・藤本　裕美（大阪・なな保育園）
小阪　好美・原　康大（兵庫・はっと保育園）
上坂　綾子・東　洋一郎（神奈川・宮崎保育園）
郷原　廉菜・森田　有琴（神奈川・もみの木台保育園）
小倉　和人（KOBEこどものあそび研究所）

STAFF
本文イラスト：北村友紀・常永美弥・やまざきかおり
編集協力：株式会社どりむ社
本文デザイン：景山芳　DTP：堤谷孝人　楽譜浄書：株式会社クラフトーン
企画編集：安部鷹彦・安藤憲志
校正：堀田浩之

※本書は、『月刊 保育とカリキュラム』2013年4月号〜2014年3月号までの連載「遊びっくり箱＋（プラス）」をベースに編集し、単行本化したものです。

本書のコピー、スキャン、デジタル化等の無断複製は著作権法上での例外を除き禁じられています。本書を代行業者等の第三者に依頼してスキャンやデジタル化することは、たとえ個人や家庭内の利用であっても著作権法上認められておりません。

保カリBOOKS㊱
2〜5歳児のあそびライブ12か月

2015年7月　初版発行
2019年1月　第4版発行
監修・編著者　片山　喜章
著者　　　　徳畑　等・東　洋一郎
発行人　　　岡本　功
発行所　　　ひかりのくに株式会社
　　　〒543-0001　大阪市天王寺区上本町3-2-14
　　　TEL06-6768-1155　郵便振替00920-2-118855
　　　〒175-0082　東京都板橋区高島平6-1-1
　　　TEL03-3979-3112　郵便振替00150-0-30666
　　　ホームページアドレス　http://www.hikarinokuni.co.jp
印刷所　　　大日本印刷株式会社

©2015　YOSHINORI KATAYAMA
乱丁、落丁はお取り替えいたします。
JASRAC　出1506181-804

Printed in Japan
ISBN978-4-564-60872-8
NDC376　128P　26×21cm